La tragedia de nuestra ciudad natal

La tragedia de nuestra ciudad natal

El holocausto en Disna

Moshe Iofis

ISBN: Softcover   978-1-5245-5515-3
               eBook   978-1-5245-5514-6

Print information available on the last page.

Rev. date: 12/09/2016

To order additional copies of this book, contact:
Xlibris
1-888-795-4274
www.Xlibris.com
Orders@Xlibris.com
745590

En la memoria de mis abuelos Miriam y
Meir Iofis

TRADUCTOR - AHAVAH OHREL

Reconocimientos

Gracias a mis queridos compañeros de clase Eugene Katz, Nina Smushkina, Sifra Lekakh, Moisey Grinshpan, Raphal Lekakh, Michael Lekakh, Evsey Lekakh, y a otros compatriotas y suus descendientes Iosif Kogan, Eugenia Genkina, Evgeny Kogan, Yona Sosner, Grigory Smirin, Ana Aruci, y Yakov Suhovolsky por las historias que me enviaron desde los Estados Unidos, Israel, Canada, Alemania, Suecia, Russia, Bielorrusia y Latvia –los lugares donde la gente de Disna quedó dispersa.

Gracias a Arkady Schulman por el permiso para utilizar la colección de material del sirio web *myshtetl*.

Introduccion

La idea de escribir este libro vino a mi mente mientras leía la información de una película italiana neo-nazi llamada „El conocimiento libera: La Mentira Colosal más Grande del Siglo XX - El Holocausto."

En ese tiempo, yo estaba escribiendo acerca de la historia de nuestra familia, la cual tiene sus orígenes en la ciudad de Disna. Un capítulo de esta historia fue dedicado a los hechos trágicos de nuestra ciudad natal, la cual fue perdida para siempre.

La información acerca de esa película neo-nazi me incitó a ampliar el tema y a comenzar a recolectar memorias del Holocausto de los sobrevivientes originarios de Disna, los cuales eran fugitivos del gueto de Disna, partidarios y guerreros de la segunda guerra mundial. En el sitio web *mine shtetl,* administrado por Arkady Shulman, encontré historias de los horribles asesinatos de miles de judíos. Estas historias fueron atestiguadas por residentes locales originarios de Belaruse, Peter Bogovich y Fahey Shimukovich, especialistas regionales e historiadores. Estos hombres aman su tierra natal y saben su historia. Sus relatos son sinceros, claros y verdaderos.

Yo soy un sobreviviente del Holocausto. Nuestra ciudad natal, Disna, fue completamente destruída por los nazis. El total de la mayoría de la población judía de la ciudad era de 3,800 personas -hombres, mujeres y niños, los cuales fueron ejecutados y enterrados en una tumba común.

Así como una gota de agua refleja el mar entero, la tragedia de la población de nuestra ciudad refleja las tragedias que sucedieron en las poblaciones y municipios de los alrededores. La ejecución de la „solución final a la pregunta judía" presentada en la conferencia de Wannsee en 1942 ocurrió de la misma manera en todos lados. Los métodos eran similares, ejecuciones a mano armada hechas por los chacales hambrientos por sangre quienes asesinaron a niños, mujeres, y hombres. Y en todas partes fue lo mismo avaricia y robo para beneficiarse a costa de los judíos.

Un capítulo del los libros de Yizcor (libros de memorias) está dedicado a los judíos asesinados en Disna. En la larga lista de los asesinados, veo los nombres de mis compañeros de escuela, Meita Mahinson, la familia Beilin y Yavich, mis vecinos Greniman, Fuks, y muchos otros judíos inocentes de Disna, asesinados. Los artículos fueron escritos en hebreo, yídish, y otros en inglés. Al parecer, no muchas personas han leído este material.

Así que me atreví a escribir un libro acerca de la tragedia de nuestra ciudad natal. Pero primero, comentaré acerca de como era dicho lugar antes de la segunda guerra mundial.

En Disna, Durante Mi Niñez

**El Mercado Una Calle El Símbolo de Disna
Puente sobre Desyonka Gimnasio, 1931**

Disna se encuentra sobre el occidente del río Dvina y su afluencia, el cual se llama „Desyonka." Desde el siglo XVI hasta 1815 Disna era una ciudad dentro del principado de Lituania. Después Rusia capturó la región entera. Desde 1921 hasta el 17 de septiembre de 1939, Disna le pertenecía a Polonia. Toda esa area era llamada „Kresy Wschodnie" (Las Afueras Orientales).

Los polacos preferían vivir en el centro de Polonia y acostumbraban pronunciar con un gran orgullo los nombres Warsaw, Krakow, o Vilno. Solo las posiciones privilegiadas de administradores, oficiales, maestros, o doctores los convencían de vivir en estos lugares provinciales. Algunos de los polacos afluentes eran dueños de fincas en el vecindario. Por ejemplo, Pan Kopylov era dueño de una finca cercana con un gran jardín frutal. De acuerdo con la leyenda, consentía a sus caballos con azúcar.

La región es abundante con árboles coníferos y bosques frondosos. El clima con sus saludables cuatro estaciones al año y con su invierno escarchado. Había dos parques maravillosos en Disna, el parque Ponaytowsky Alley y el parque Pieracki sobre las orillas del río Dvina, en frente de la isla Stefan Batory. Había unas calles agradables y hermosos árboles de robles y castaños crecían ahí. En el otoño, acostumbrábamos recolectar y abrir conchas y jugábamos con los brillantes y coloridos castaños.

La mayoría de los edificios en Disna eran de madera, con calles pavimentadas y las banquetas de madera, la mayoría en el centro de la ciudad y alrededor del mercado. Recuerdo los edificios de piedra – „Gmach Narodowy" (La Casa de Convenciones), un hospital de ladrillo rojo sobre la calle Ponyatowsky, el gimnasio polaco y el edificio blanco del puesto fronterizo. Las iglesias católicas y ortodoxas eran los edificios más sobresalientes. En los domingos y días festivos, las campanas de las iglesias se podían escuchar desde lejos. En estos días festivos, hacían unas largas procesiones con banderas, cruces y canciones que iban a lo largo de nuestra calle Kopernik.

Alrededor de 60% de la población de Disna era judía. Los primeros judíos se asentaron ahí en el siglo XVI. Después, una comunidad judía se formó en la ciudad.

La mayoría de las personas judías ahí no era rica, pero entre ellos había ricos también dueños de tiendas y negocios. Recuerdo el nombre de Bimbad, el dueño del molino. El padre de uno de mis compañeros de escuela, Kurenitz, acostumbraba comprar lino y contrataba a hombres para limpiarlo. El los había explotado sin misericordia, pagándoles un zloty polaco por un trabajo duro en un espacio cerrado lleno de polvo. Luego, el comerciaba el lino tratado a las compañías manufacturados de Lodz. Mucha gente era empleada para crecer y procesar el lino.

Los judíos del área eran artesanos – costureros, zapateros, panaderos, cocheros. Algunos de ellos tenían caballos y ganaban su dinero entregando bienes a las villas de los alrededores. Nuestro vecino el Sr.Fuks conducía su carro de caballos de lunes a viernes para así poder proveer para su numerosa familia. Su esposa Shira-Mirka estaba casi siempre embarazada. Eso no significaba que vivían en circunstancias cómodas. Algunas veces, ella venía a casa de mi abuela a pedir prestado una barra de pan hasta la siguiente horneada.

Había cientos de tiendas, pero no con comercio activo. La gente no tenía dinero y no había la necesidad de hacer reservas. Recuerdo que el mercado estaba lleno de diferentes productos que los campesinos ofrecían: vegetales, frutas, carne, pollos, gansos, y la abundancia de pescado fresco de los ríos y lagos de alrededor. La comida no era cara. Los caballos y el ganado eran comerciado en otro mercado. Los compradores chocaban las pezuñas de los caballos y miraban en sus bocas para examinarles los dientes.

Aunque no había una industria pesada en la ciudad y el desempleo era alto, las familias se las manejaban para comer y continuaban viviendo y multiplicándose. Casi cada familia tenía tres vegetales, pescado, y arenque eran la comida principal sobre la mesa. Cada semana, las amas de casa horneaban pan para su familia en los hornos rusos.

Vivíamos en una casa construida por las propias manos de mi abuelo. El era carpintero y construía casas para los campesinos en las villas. A cambio ellos le entregaban harina, leña, y otros productos. La casa era amplia pero no era cálida durante los inviernos escarchados. Se necesitaba de mucha leña para calentar el hogar. En el verano le ayudaba a mi abuelo a cortar la madera y a colocar los leños ordenadamente en filas para que se secaran. Adicional a los leños, deshechos de lino eran utilizados también como calefacción. Proveía un poco de calor y mucho humo.

Durante la última etapa del verano, todos participaban plantando en el jardín vegetales y especialmente papas, Solamente estiércol era usado como fertilizador. Los fertilizadores locales eran desconocidos. Las papas eran el segundo producto alimenticio en cada familia. Las reservas de papas secas seleccionadas para la próxima primavera eran puestas dentro de un hoyo en la tierra después de que la cosecha había sido colectada. Un compartimiento adicional de almacenamiento para las papas y otros vegetales estaba adentro de la casa.

Teníamos en la cocina una estufa rusa. Nuestra abuela trabajaba en la cocina durante muchas horas para prepara la comida para los ocho de nosotros. Una vez a la semana, pan de centeno era horneado en el horno ruso. Era un proceso laborioso. Bolsas grandes de harina eran guardadas en el almacén. Mi madre preparaba la harina. La preparación de la masa demandaba exactitud. Se dejaba elevar la masa toda la noche. A la siguiente mañana piezas de pan eran formadas de la masa fermentada y puestas en el horno ruso calentado.

Carne de res kosher era traída a las carnicerías del mercado. La carne era mojada en agua por media hora, y luego se salaba para limpiar completamente la sangre. Una fuerte regla había en nuestro hogar de guardar „kashrut". La carne y la leche nunca eran servidas en la misma comida. Todas las comidas preparadas por nuestra abuela y nuestra madre eran deliciosas.

Antes de shabbat, mi abuela seleccionaba uno o dos pollos, y les amarraba las patas con una cinta. Luego yo los llevaba a Schulman, el shochet – (el encargado por la Khehila, de la comunidad judía). Tocaba a su puerta. Un hombre apuesto con una elegante barba negra abría la puerta. El agarraba entre sus dientes la manija de un cuchillo corto (hale). Después de una breve oración, él colocaba el pollo debajo de su antebrazo izquierdo y hacía una rápida incisión través del cuello del pollo. Luego yo colgaba al pollo en el gancho para que la sangre se drenara, y así sería kosher.

En los viernes por la mañana, mi abuela y mi madre comenzaban la preparación de la comida para el Shabbat. Ellas horneaban rollos de leche con canela y hallas, también pudín „kugel" y carne con zanahorias („Tzimmes".) Y preparaban todo el pescado relleno (gefilte). Café con leche era servido los sábados por las mañanas. El café era preparado de achicoria, no de granos de café. En el verano, también colectaba bellotas, secas y aplastadas en el mortero y preparadas como sustituto de café. Cocoa era una delicadeza, que no siempre nos estaba disponible. En las mañanas entre la semana, mi madre nos servía leche fresca y una pieza de centeno oscuro. Carne o pescado eran servidos en la comida. Teníamos los vegetales suficientes, pero no mucha grasa en nuestras comidas. Nadie se quejaba nunca de la falta de apetito. Tampoco recuerdo a niños obesos en los alrededores.

El trabajo cacerola pesado. El agua era traída desde un pozo localizado enfrente de la casa. Una cubeta tenía que tener una cadena. Se deslizaba la cubeta con la cadena dentro del pozo. Ocasionalmente, la cubeta se atoraba abajo. Un gancho era utilizado para agarrar la cubeta.

En el invierno, el pozo de agua estaba rodeado de hielo. Se necesitaba un buen balance para sacar agua del pozo.

El agua caliente para el té era preparada en un „samovar". Yo era el encargado para realizar esta operación muy temprano. Con carbón del horno, luego quemando pequeñas astillas de madera que eran colocadas en el tubo. Una bota era utilizada para añadir oxígeno y hacer el carbón quemarse mejor. Aveces mi madre removía la tapa del samovar para hervir huevos en el agua hirviente. Hacíamos pedazos más pequeños del azúcar en terrones usando unas pinzas pequeñas.

Ordenar un par de botas antes de la Pascua era un gran evento. Hasta el día de hoy, recuerdo al zapatero y esos zapatos brillantes. Mi madre estaba frecuentemente ocupada remendando y ajustando nuestras ropas y calcetines.

Nunca tuvimos un telefono o un radio. La casa era iluminada por una lámpara de queroseno. El primer foco eléctrico sobre la mesa apareció en nuestra casa algunos años antes de la Segunda Guerra Mundial. No estoy seguro de que mis abuelos hayan visto electricidad en la casa.

Pagar los impuestos era una tarea pesada para la gente sin trabajo. Una vez, unos oficiales financieros vinieron a nuestra casa. Uno de ellos era el „secuestrador" en uniforme verde. Ellos hicieron una lista de las posesiones que pudieran ser confiscadas si los impuestos no eran pagados a tiempo. Nuestro reloj de pared estaba incluido en esa lista.

El cuidado médico era caro. Para reducir un dolor de muela, un algodón con yodo era aplicado en la cavidad. En el invierno de 1931/32, casi toda mi familia se enfermó con tifoidea. No recuerdo a un doctor en ese tiempo, pero el Dr. Kuznetson apareció un poco antes de que mi abuelo falleciera.

La gente vivía hasta la vejez. No escuchaba acerca de la muerte de jóvenes, acerca de gente enferma de cánceres. Nada se escuchaba acerca de alcoholism, drogas y fenómenos sociales similiares.

A pesar de la modesta prosperidad de la mayoría de las familias, los habitantes de la ciudad vivían una vida significante. Desde la niñez recuerdo grupos de hermosas muchachas y apuestos jóvenes. Por las tardes, se escuchaban canciones en yídish y en polaco. La gente joven judía participaba en varias organizaciones, como Halutzim, Beitarim o Shomerim y Sionistas, Cada una tenía su propio uniforme. En ese tiempo, no sabía yo mucho acerca de las funciones y objetivos de estas organizaciones. Tiempo después escuché acerca de unos simpatizantes de la Unión Soviética que no había desempleo y tampoco „explotación de hombre por el hombre". Durante los inviernos nevados, algunos hombres jóvenes se envolvieron en sábanas blancas y cruzaron el congelado río Dvina. La patrulla de borde soviética los capturó. Los soviéticos calificaron a los desertores como espías polacos.

Después del 17 de septiembre de 1939, el movimiento subterráneo emergió a la superficie y abiertamente se expresaba la simpatía al estado soviético. Sophia Fedorowna Struy fue el primer miembro del Consejo Superior de Bielorrusia elegida en Disna. Recuerdo que hubo algo de ruido en la casa cuando mis padres no fueron a votar.

Los oficiales polacos no impedían las observaciones religiosas del judaísmo y las sinagogas. Más tarde escuché que habían ocho sinagogas en Disna. Los viernes antes de la puesta del sol, un servidor de una sinagoga (Moishe-Jude der Shames) se colocaba en el lugar llamado „brizna" invitando a los judío a orar: „Yiden in soul aran" Los creyentes iban a la sinagoga de todas maneras. Todos sabían sus asientos. Durante „Shabbat" y otros días festivos, el ánimo de la gente era festivo. Bodas, circuncisiones de los varones recién nacidos („bris) y funerales atraían a mucha familia, amigos y vecinos. Todas las ceremonias eran de acuerdo con las antiguas tradiciones.

Recuerdo a los klezmorim y spillers de Purim. Una vez, yo estaba entre los invitados de la boda de nuestro vecino. Esa tarde, una caponea (baldachin) era instalada ante la sinagoga. El apellido del novio era Greiniman. Ahora, veo a muchos Greiniman entre los miles de judíos asesinados de Disna, mientras que un Greiniman era un partisano.

En los días de fiesta católicos y ortodoxos, había procesiones con banderas y cruces que iban a lo largo de la calle. Después de las oraciones, diferentes festivales y loterías tomaban lugar. Las jovencitas polacas y los jóvenes se vestían en disfraces coloridos. Ellos bailaban krakowiaks, mazurkas, y polcas con un grande entusiasmo. El ánimo festivo era generado por la música de banda. Un par de personas bien vestidas caminaba alrededor colectando donaciones. Los hombres tomaban sus sombreros y hacían caravanas a las damas, y les besaban sus manos.

Por las tardes, las ferias continuaban a lo largo del río Dvina. Recuerdo que una vez, había bailarines haciendo una danza india, saltando sobre una hoguera.

Nuestros juegos eran simples. En el verano jugábamos pelota en „laptu" –una versión primitiva de criquet. En el invierno íbamos a deslizarnos sobre la nieve. Mi abuelo me hizo patines de madera con una parte deslizante hecha con un cable grueso. Yo no había escuchado palabras como „tennis" o „basketball". Un carrusel acostumbraba ser instalado cada verano. El costo por el asiento no era caro, pero para ganarlo, teníamos que ser empleados para rotar el carrusel. Estábamos en el carrusel hasta que estábamos con nausea y mareados. Eramos vecinos amistosos y jugábamos con los hijos de la familia Fuks y otros. Durante los años escolares, Isaac Sorokin y Aba Shuchman eran mis mejores amigos.

Desde los 6 años de edad, atendí una Heder (una escuela judía) donde aprendí el alfabeto y la lectura del libro de oración (Sidur). El apellido del rabino era Rasin. Mi madre me enseñó a escribir en yiddish. A los ocho años de edad, comencé el segundo grado en la escuela polaca. Comencé la escuela pública polaca desde el segundo grado y mi asiento era en la primera fila. Tenía miedo del maestro desde el principio. Pero gradualmente, me ajusté. La clase estaba llena de niños y lindas niñas. El respeto hacia la escuela y los maestros era incuestionable. Nuestros maestros polaca Pan Paradowski, era un gran patriota. Recuerdo sus historias acerca de la victoriosa Armada Polaca durante la Primera Guerra Mundial. Pan Scherbula nos enseñó a dibujar y Pan Strumilowski, a cantar. Aprendimos muchas canciones y algunas de ellas todavía viven en mi memoria. Mi hermana Geula admiraba a sus maestras, las hermanas Szantyrownas. El director del gimnasio, pan Kwiatkowsky era más respetado que algunos de los presidentes de países en la actualidad. Los estudiantes usaba uniforme azul oscuro y gorras con viseras sólidas. Cuando nos presentaban a un maestro teníamos que levantar nuestra gorra. No había trampas en la escuela polaca. Las cunas „shpargalki" llegaron a ser populares a diferentes niveles en las escuelas soviéticas.

Recuerdo que atendí un concierto en la Casa de Convenciones. Los artistas vinieron desde Warsaw. En esta ocasión, los sacerdotes católicos y ortodoxos fueron invitados a la función. Un escándalo prosiguió. El líder del concierto anunció el número siguen del programa: „Papa tánczy z mama" (Dad is dancing with mom). Los bailarines vestidos en negro y blanco comenzaron a demostrar algo erótico, no aceptable en esos días. El público se puso ruidoso, los sacerdotes brincaron de sus asientos y corrieron fuera de ahí.

Pláticas acerca de Palestina eran escuchadas, casi absorbidas como leche de madre. Entre la juventud polaca, los exploradores eran especialmente privilegiados y la categoría anti-judía. Mottle Belostotsky, el hijo del rabino, era fastidiado por los estudiantes polacos. En el camino a la escuela, los gimnastas pasaban por nuestra casa, en la calle Kopernik. De vez en cuando, gritaban: „Zydzie do Palestine!" (Judíos váyanse a Palestina!") Sorprendentemente, ocho décadas después, muchas voces en el mundo están gritando que Palestina no es un lugar para los judíos.

El puesto fronterizo polaco (straznica) y los soldados polacos (zolnierze) disfrutaron la atención de la población. Su marcha valiente y canciones tenían algo de influencia en el estado de ánimo de la población. Por supuesto, atraían a muchas jovencitas. Pero toda esa bravura y patriotismo era enteramente insuficiente para defender al país de la Unión Soviética y de las fuerzas militares alemanas.

¿Cómo había MUNDO permitió a Hitler va a estar y cometer el Holocausto?

OMS contribuido a ello? OMS no hizo nada para PEVENT y detener el Holocausto?

El 17 de mayo de 1933, Hitler denunció el Tratado de Versalles 1918 que limitaba el ejército de Alemania a 100.000 hombres. Se permitió tanques y fuerza aérea en el ejército alemán. (5)

En marzo 1935, Hitler anunció sobre el rearme de Alemania. Las protestas de los gobiernos británico y francés fueron formalmente. Sus ejércitos podrían haber aplastado al ejército mucho más pequeño en ese período. El fracaso para resistir las ambiciones de Hitler abrió el camino para el rearme ilimitado del ejército alemán y tomó Alemania a su primer paso hacia la Segunda Guerra Mundial. (7)

El 13 de septiembre de 1935, Hitler exigió la inmediata aplicación de la „Ley para la Protección de la Sangre Alemana." Es privado Judios de la ciudadanía alemana y les prohíbe tener relaciones sexuales con los arios.

Las tarjetas perforadas proporcionadas por IBM, la empresa de los Estados Unidos de América, facilitado la realización de los datos censales a máquina tabulada ampliado en gran medida el número estimado de Judios en Alemania mediante la identificación de las personas físicas en uno de los pocos antepasados judíos. Fueron abandonados Los datos anteriores de 400.000 o 600.000 Judios. La nueva estimación de los Judios en Alemania fue de 2 millones de dólares. (8) En el discurso ante el Reichstag Hitler insistió en que „el mundo tiene la capacidad suficiente para la liquidación." Él amenazó a los Judios a „sucumbir a una crisis de proporciones inimaginables".

El 30 de enero de 1939, Hitler dijo: „Si los financieros judíos internacionales dentro y fuera de Europa deberían tener éxito en hundir las naciones en una guerra mundial, el resultado no será la bolchevización de la tierra, y esta victoria de los judíos, pero el la aniquilación de la raza judía en Europa. „(9)

Cuando Neville Chamberlain dijo que él va a Munich, la Cámara le dio una ovación de pie. (10). Al regresar de Munich, Chamberlain fue recibido por una gran multitud de personas. Él llevó a cabo en el Acuerdo anglo-alemán mano firmado por Hitler y él mismo. La multitud gritaba alegremente cuando Chamberlain leer las palabras del Acuerdo sobre el „deseo de nuestros dos personas nunca para ir a la guerra con una sobre otra vez. (11)

Polonia también aprovechó el apaciguamiento de Munich. Mientras que Alemania capturó el Sudetes de Checoslovaquia, Polonia reconquistó el territorio Teshin. (12)

En agosto de 1939, durante las negociaciones en Moscú, el jefe del ejército polaco Mariscal Rydz-Smigly rechazó todos los intentos de las potencias occidentales para obtener el permiso de Polonia para mover el Ejército Rojo hacia el oeste a través de Polonia. Rydz-Smigly dijo: „no hay ninguna garantía de que los soviéticos se realmente tomar parte activa en la guerra; Además, una vez que tenga entró territorio polaco, que nunca salir de él. „(13)

Cuando el embajador francés apasionadamente protestó, mariscal Rydz-Smigly respondió con frialdad: „Con los alemanes se corre el riesgo de perder nuestra libertad. . Con el ruso perdemos nuestra alma „(14) La respuesta del Rydz-Smigly era totalmente de acuerdo con el proverbio polaco:" Aunque no tengo dinero, en vez tengo mi honor »El mariscal estaba bien informado sobre el armamento prevalente de. los militares alemanes. Él creía que Gran Bretaña y Francia le ayudarán a derrotar al ejército alemán. A raíz de las ambiciones de los líderes polacos, el ejército polaco fue derrotado rápidamente. Rydz-Smigly huyó a Rumania con las tropas restantes. La tierra polaca fue dejado en manos de los nazis que transfiere Polonia en un cementerio masivo.

El 23 de agosto de 1939, la Unión Soviética firmó el Pacto Molotov-Ribbentrop con la Alemania nazi. Contenía un protocolo secreto de la división del Norte y Europa del Este en esferas alemanes y soviéticos de influencia. (15)

El moderno presidente ruso Vladimir Putin repitió lo siguiente: „A fin de garantizar sus intereses y su seguridad en las fronteras occidentales de la Unión Soviética fue firmado el Pacto Molotov-Ribbentrop con Alemania". (16)

Los dos años antes de la Alemania comenzó la guerra contra la Unión Soviética no se utilizaron para fortalecer las fronteras occidentales soviéticos. Hitler los utilizó con éxito. Desde agosto 1939 hasta el 22 de junio de 1941, la URSS era un allay estratégica a Alemania, proporcionando con precisión grandes cantidades de petróleo, granos, madera y otros materiales necesarios para la industria militar alemana. (17)

El Pacto se había desatado las manos de Hitler de ocupar la mitad de Europa. El Pacto no añade mucho a la defensa de las fronteras occidentales soviéticos. Bielorrusia Occidental fue liberado por el ejército soviético con un gran triunfo el 17 de septiembre de 1939. Fue ocupada por los alemanes en 12 días. El 3 de julio de 1941, Disna fue ocupada por el ejército alemán.

Por lo tanto, los fracasos de la diplomacia soviética elegir a Hitler como una alianza contribuyeron a la preparación de Hitler a la Segunda Guerra Mundial y el Holocausto.

El aislacionismo fue la política de EE.UU. cuando la fuerza aérea alemana bombardeó la Gran Bretaña. Sólo el ataque japonés a Pearl Harbor cambiar la actitud y consistió en la EE.UU. en la Segunda Guerra Mundial.

La política del Departamento de Estado de Estados Unidos torpedeó visados de entrada para los inmigrantes de Europa. Antisemitismo fue uno de los factores. (18) La Ley de Inmigración restrictiva fue aprobada por el Congreso en 1924. (19)

En agosto de 1942, el Departamento de Estado recibió un informe de que los alemanes la implementación de una política de aniquilar físicamente a los Judios de Europa. El Departamento de Estado se negó a pasar a Stephen Wise, el líder judío americano, el presidente del Congreso Judío Mundial.

Sólo el 17 de diciembre de 1942, los Estados Unidos, Gran Bretaña y otros diez gobiernos aliados emitieron una declaración denunciando las intenciones de la Alemania nazi para asesinar a Judios de Europa. (20)

¿Por qué los aliados no bombardearon los campos de exterminio? (21)

„Ahora, Anny sabía exactamente que estos aviones son estadounidenses", podrían tener volar aquí mucho antes de bombardear y destruir Auschwitz „, pero dejar que empiezan a bombardear el crematorio, que el tubo de la chimenea grandioso y estos baños y todo esto fábrica muerte horrible. (22)

Elie Wiesel dijo que no había voluntad política para bombardear Auschwitz.

¿POR QUÉ LA MAYORÍA DE LOS JUDIOS DE Disna no escapó de las amenazas MORTALES EN CURSO?

Alrededor de 2 millones de Judios vivido en los territorios ocupados posteriormente por los alemanes. Sólo 170 000 (5,7%) de la población judía logró escapar hacia el Este. (23)

Sólo en la Bielorrusia occidental fueron asesinados 528 569 Judios. (24)

La población judía de Disna era principalmente sedentario, unido a sus hogares, sus familias y comunidades. La mayoría de los residentes no abandonaron la ciudad durante toda su vida. No había tren y sin puente sobre el Dvina-River. Nadie tenía un coche. Los principales medios Transportaciones eran carros tirados por caballos.

La población no se le informó acerca de la ofensiva relámpago de las tropas alemanas y la retirada rápida del Ejército Rojo. Los mayores Judios dijo a sus hijos que durante la Primera Guerra Mundial los alemanes no perjudicar a los Judios.

La propaganda soviética continuó saludando la fuerza y el heroísmo del Ejército Rojo. Se había influido en las mentes de los residentes locales. ¿Por que no? El Ejército Rojo „liberado" Bielorrusia occidental en un día. Y las repúblicas bálticas fueron unidos en un santiamén.

Y las canciones soviéticas muy populares sonaban alrededor de las placas de radio: „Si mañana es una guerra, el enemigo será derrotado en su propia tierra".

Comprender el peligro que viene con los alemanes fue la razón principal para escapar. Los refugiados de Polonia dijeron sobre la política antisemita en ese país. Pero el funcionario no informó a los Judios por el Pacto Molotov-Ribbentrop. (25)

Y ¿qué pasa con los jóvenes que querían escapar de Disna? Aunque la reunificación de la Bielorrusia Occidental fue tan triunfal, la antigua frontera permaneció cerrada. Un permiso para cruzar el Dvina se le dio a una categoría limitada de la nomenclatura.

Iosif Kogan se le negó un permiso, pero se las arregló para vincularse al Jefe del hospital que estaba cruzando el río con su familia y un carro de caballos con el equipaje.

Y aquí de nuevo, los soviéticos mostraron su mendacidad y astucia. Se hicieron anuncios sobre frases fuertes para traficantes de pánico.

El 25 de junio de 1941, se anunció una reunión de los residentes de Disna en el Ayuntamiento (en ese momento, un salón de té). Fue una conferencia sobre la situación en una forma popular Internacional de la propaganda soviética. Moisey Grinspan, un compañero de clase estaba allí. Un comisario de alto nivel dijo a la audiencia que el Ejército Rojo pronto detener la ofensiva alemana. Las personas no deben entrar en pánico y no huir de Disna.

Por lo tanto, el Gobierno soviético y del Ejército Rojo fueron los responsables de dejar los Judios mal informados de Disna para ser asesinados por los fascistas lobos y los colaboradores locales.

El Comité del Komsomol informó a 90 hombres y mujeres jóvenes que deben salir inmediatamente Disna porque „las tropas alemanas estarán aquí dentro de unos días.“

Y mintieron al resto de los residentes, incluyendo a miles de Judios. El gobierno soviético y el Ejército Rojo dejaron los Judios de Disna sin protección y los entregué en manos de los animales que se aproximan nazis.

Mi padre de clase Kurenits utiliza para comprar flujo bruto y contrató a hombres desempleados para limpiarlo. Él les explota sin piedad, el pago de un zloty polaco para un trabajo duro en un espacio cerrado lleno de polvo. Kurenits negocian el lino limpio para los fabricantes de textiles en Lodz. Se emplearon Muchas personas en crecimiento y la transformación de lino.

Judios eran artesanos - sastres, zapateros, panaderos, cocheros. Algunos de los Judios propiedad caballos y ganado por los bienes que entregan a los pueblos de los alrededores. El vecino Fuks montó su carro de caballos, de lunes a viernes, con el fin de proporcionar a su numerosa familia. Su esposa Shifra-Mirka fue casi siempre embarazada. No significaba que vivían cómodo. De vez en cuando venía a pedir prestada una barra de pan hasta el próximo hornear.

Había cientos de tiendas. Pero la gente no tenía dinero suficiente para comprar los productos. Pero no había ninguna tiene que hacer las reservas. El mercado estaba lleno de diferentes productos: verduras, frutas, carnes, pollos, gees y peces de los lagos de los alrededores. La comida no era caro. Los caballos y el ganado se negocian en otro mercado. Los compradores comprueban los cascos de los caballos y miraron en la boca para examinar los dientes.

Aunque no había industria pesada en la ciudad y el desempleo era alto, familias lograron sobrevivir y continuaron viviendo y multiplicándose. Cada familia tenía tres o cuatro hijos. Cada familia tenía un huerto. Pan de centeno, leche, patatas, pescado y arenques eran el principal alimento en la mesa. Cada semana, las amas de casa al horno de pan en la familia rusa ovens.The de mi padre vivía en una casa construida por el abuelo. Como un carpintero, construyó viviendas para los campesinos de las aldeas. A su vez, ellos siempre le harina, leña para el invierno. La casa era espaciosa, no caliente durante el invierno. Durante el verano, los niños ayudaron abuelo de aserrar y troncos partidos para leña. Además de la leña era de limpiar el lino („Kostra") se utilizó para la calefacción. Proporcionó un poco calienta y mucho humo.

Durante la primavera y el verano, todo el mundo participaron en la plantación de diferentes verduras y patatas en el jardín. Sólo el estiércol se utiliza para fertilizar el suelo. Los fertilizantes químicos eran desconocidos. Patatas (Bulba) fueron algunos de los principales productos en todos los hogares. Las reservas de patatas se salvaron en un pozo para el próximo año.

Una estufa rusa para cada cocción día estaba en la cocina. Una vez en una semana, el pan de centeno se cuece en el horno ruso. Fue un proceso laborioso. Stocks de harina se mantuvieron en el almacenamiento. La harina se tamiza a través de una pequeña pantalla. Preparación de la pasta exigió precisión. La masa levantó durante la noche. En los próximos panes mañana había sido formateado y se coloca en el horno de Rusia climatizada.

Esta parte fue tomada del sitio de web *myshtetDisna*. El administrador de este sitio, Arkady Schulman, me permitió amablemente hacer uso de la información contenida aquí.

Arkady Shulman estaba escuchando a Peter Vladimirovich Bogovich., un maestro de historia, especialista en la tradición local y simplemente una persona que está enamorada de la ciudad.

A continuación se presentan unos extractos de la historia del Sr. Bogovich

La guerra estalló en la tranquila ciudad de Disna como un huracán. En cuanto la guerra fue declarada, la ciudad se llenó inmediatamente con refugiados de las villas y de los poblados vecinos. La ciudad fue bombardeada y quemada el 28 de junio. Tan pronto como los alemanes invadieron, les ordenaron a los judíos que regresaran de las villas circundantes. Cien residentes de la ciudad fueron reunidos en la plaza central y cada décima persona era disparada a muerte. Los nazis inventaron la razón de su ejecución: „Alguien debió de haber cortado la línea de teléfono alemana."

Poco después de la invasión, los alemanes declararon autoridades locales y seleccionaron a la policía local. La mayoría de los campesinos bielorrusos y polacos se ofrecieron de voluntarios para unirse a la policía. El barrio en Disna estaba formado por los residentes locales y los residentes de las villas vecinas.

El barrio de Disna no estaba cerrado pero a los campesinos locales les estaba prohibida la entrada. A los prisioneros no se les daba de comer - ellos tenían que encontrar comida por sí mismos. Además tenían que pagar „impuestos" en oro, plata, cobre, tela, y muebles.

En 1942, durante la Pascua, los nazis organizaron el primer asesinato en masa de judíos. A treinta judíos les fue dicho que dejaran sus casas y fueron después asesinados en Doroshkovichi. Entre ellos estaban Epstein y su hijo Boris (alguien reportó a la policía que Epstein había nombrado a su perro „Hitler"), Doba Rositsan, Iosif Fux and Shatsman.

El 14 de junio de 1942, el final de Disna tomó lugar. Los policías habían llevado a todos los judíos al centro de ejecución. Los judíos tuvieron que cavar sus propias tumbas. Luego, ellos fueron disparados a muerte por los alemanes y por los policías. Los niños eran enterrados vivos. La ejecución duró todo el día. No tenemos la cantidad exacta acerca de cuantas personas murieron ese día. De acuerdo con algunas fuentes de información el número fue alrededor de 2,200 personas, y de acuerdo con otras fuentes fue aproximadamente 3,800 personas. En cualquier caso, semejantes números son extremadamente difíciles de comprender.

Por la tarde, ambos fosos habían sido completamente llenados con cuerpos humanos. Fueron cubiertos con arena. Varios policías estaban allí para vigilar las tumbas. Por la noche, se asustaron demasiado y corrieron lejos del sitio de sepultura. El suelo de las tumbas comenzaba a moverse porque había todavía algunas personas con vida que fueron solo heridas o que se habían desmayado, y estaban tratando de salir. Esto duró varios días. Después, la sangre comenzó a salir a la superficie. Los nazis ordenaron a los policías que trajeran cal para cubrir las tumbas. Al lado de la sepultura judía los nazis asesinaron a los guerrilleros locales.

Aún después de esa ejecución, algunos judíos fueron guardados con vida -trabajadores artesanos para servir a los nazis - zapateros, costureros, herreros, etc. Estos fueron asesinados el 23 de diciembre de 1943.

Extracto del artículo „Los Judíos en Disna" por Fadey Shimukovich

El barrio fue formado en octubre de 1941. La calle Polotskaya fue rodeada con alambre de espino. Dependiendo de la medida de cada casa del barrio, de 8 a 10 y aún hasta 15 familias eran forzadas a vivir juntas en cada casa. Los residentes de barrio podían tener consigo sus pertenecías más necesarias. Todas las casa fueron saqueadas por los policías. Estaba estrictamente prohibido dejar el barrio.

En marzo de 1942 veintitrés residentes del barrio fueron asesinados sin ninguna razón. Se dijo que eran activistas organizando un alboroto en el barrio. Algunos residentes consiguieron escapar, pero fueron muy pocos.

De cualquier manera, el peor día estaba aún por venir. Era el 14 de julio de 1942. El barrio fue rodeado por oficiales de la policía. Varios judíos fueron ordenados cavar fosas en un baldío cercano al barrio. Había dos fosas, cada una tenía 4 metros de profundidad, 5 metros de ancho y 60 metros de largo. Después, grupos de 10 personas eran traídos y disparados. Algunas personas cayendo a las fosas aún con vida. El transportador de la muerte trabajó todo el día. El aire estaba saturado con llanto y gritos. Se cree que 3,800 personas fueron asesinadas ese día.

Diecisiete judíos fueron mantenidos con vida - nuevamente ellos eran artesanos: costureros, zapateros, relojeros y otros especialistas. Estas personas fueron obligadas a trabajar para los alemanes y ejecutadas en Noviembre de 1943. El 4 de julio de 1944, Disna fue liberada por la

Armada Soviética. Muy pocos residentes nativos quedaron vivos en la ciudad y ningún judío entre ellos. Un año después la población de Disna no era mayor de 800 residentes, incluyendo a varios judíos descargados de la Armada Soviética.

Hoy en día, la población de Disna esta constituida en menos de 2,000 personas, de las cuales 800 de ellas están jubiladas. No quedó ningún judío. Todos los viejos judíos han muerto. Fueron enterrados al lado de las sepulturas de los otros judíos quienes fueron ejecutados por los fascistas en 1942. El resto de ellos inmigraron a Israel.

Soy un maestro y hago investigaciones históricas. Pronto tendré 75 años de edad. Cuando llegué a Disna, hablé con muchos testigos de las ejecuciones de los judíos e hice un estudio acerca de la historia de la ciudad.

LA "MODERACION" DE LOS HISTORIADORES BIELORRUSOS DEL HOLOCAUSTO

Bielorrusia estaba entre los 51 países fundadores de la Carta de las Naciones Unidas debido al reconocimiento de la comunidad internacional por el papel que la gente de Bielorrusia tuvo en derrotar el fascismo. La palabra Holocausto no fue ni siquiera mencionada en semejante documento tan importante como „la misión Permanente de Bielorrusia ante las Naciones Unidas" (32)

La palabra Holocausto no fue tampoco mencionada en la historia de la guerra. (33)

La generación de los líderes actuales de Bielorrusia y sus historiadores no fueron testigos del Holocausto. Pero como gente de estudios, ellos están familiarizados con la historia real del Holocausto.

Los historiadores de Bielorrusia no ignoran el Holocausto, lo han omitido. Sería imposible escribir la verdad del Holocausto sin describir el papel de los 120,000 colaboradores locales quienes sirvieron a los alemanes que ocuparon Bielorrusia. (34)

Existen las pruebas suficientes que semejante actitud hacia el Holocausto empezó durante los primeros años de la guerra. Fue generada por el Buró Político del Comité Central del Partido Comunista de Moscú.

A continuación se encuentra una lista con sólo algunos de los hechos históricos bien conocidos que confirman la política de ocultar la información real, y de la fabricación de mentiras:

1. Hasta la muerte de Stalin y hasta el siguiente discurso de Khrushchev en 1956, no había ninguna información acerca del GULAG, donde millones de personas inocentes fueron encarceladas.

2. El arresto de Raoul Wallenberg por oficiales soviéticos y el misterio acerca de su desaparición y muerte en Lubyanka.

3. La información absolutamente fabricada del „Complot de los Médicos." Desde octubre de 1952 hasta la muerte de Stalin en marzo de 1953, y los dichos que siguieron del embustero Rumin, el miedo y una atmósfera antisemítica había penetrado la sociedad de la URSS completamente.

4. El gobierno soviético estaba mintiendo acerca de la exterminación del POW polaco en los bosques de Katyn, en la región de Smolensk. Cuando las fosas comunes fueron descubiertas, la propaganda soviética continuó culpando a los alemanes. Las mentiras continuaron por 70 años. Ahora, podemos ver un documento clave escrito por Lavrenty Beria, quien le está pidiendo permiso a Stalin para „resolver el problema con los oficiales de policía, todos ellos anti-soviéticos y contrarrevolucionarios."

En la parte superior del documento, podemos ver el manuscrito de Stalin ordenando „consideración" a sus camaradas. Los resultados de esas „consideraciones" llegaron a ser las fosas comunes en los bosques de Katyn. (36)

Se necesitaron más de 70 años para que confesara que la Unión Soviética estaba escondiendo y mintiendo acerca de los crímenes cometidos. El 9 de mayo de 2010, el Presidente Medvedev le entregó los documentos de la masacre de Katyn al líder polaco. (37)

Es interesante notar que Sergo Beria, el hijo de Lavrenty Beria, escribió que su padre no ordenó las persecuciones en contra de la gente.

Pero en otra línea, él escribió que: „Stalin estaba furioso con mi padre por Katyn." (38)

5. Los mensajes diarios del Buró de Información Soviética no contenían ninguna información acerca de los barrios judíos, ni acerca de los fusilamientos masivos que acontecieron en diferentes lugares durante 1942-43, incluyendo el Babiy Yar.

El gobierno soviético es importantemente responsable por el asesinato de la población judía en el territorio ocupado. No hizo nada por salvar a la población judía. Como resultado sobre el territorio de las fronteras actuales de Bielorrusia 800 000 judíos bielorrusos y de otros países europeos han sido exterminados. (35)

Aunque el Holocausto de la población judía fue una tragedia de Bielorrusia, los historiadores bielorrusos casi omitieron el Holocausto o lo describen extremadamente breve. Los autores del manual de la historia dicen que „un destino trágico ha acontecido con los judíos. La destrucción de la población judía de Europa por los nazis durante la Segunda Guerra Mundial ha recibido el nombre de ‚Holocausto.‘ Como resultado de las punitivas operaciones llevadas a cabo durante la guerra y que exterminaron a más de 600 miles de judíos." (39)

Y cómo se le llama a esto en Bielorrusia?

Los autores no describen el papel esencial que los muchos colaboradores locales tuvieron de asistir a los nazis a humillar, a robar, a fusilar a hombres, mujeres y niños judíos inocentes, y a esconder sus atrocidades.

Así como los días de tragedias nacionales son llamados el 9/11 en los Estados Unidos y el día del Desastre de Fukushima en Japón. El número de las personas que perecieron en ambos casos es significante pero incomparable al número de los judíos que fueron asesinados en Bielorrusia.

El Holocausto de 800 000 ciudadanos judíos de Bielorrusia debió de haberse llamado la Tragedia Nacional de Bielorrusia.

El manual de historia no habla y tampoco muestra a los estudiantes los lugares en donde la población judía fue forzada a vivir en barrios, donde los judíos fueron humillados, sus posesiones robadas, y finalmente fueron asesinados.

La tragedia de los judíos ciudadanos bielorrusos fue una tragedia de Bielorrusia. Los judíos asesinados eran ciudadanos de la República de Bielorrusia, dueños de propiedades, quienes pagaban sus impuestos, participaban en las elecciones, sus hijos servían en la armada soviética. Los judíos constituían el 6.7% del total de la población de la República de Bielorrusia.

El sitio de web de *myshtetl Disna* puede ser que presente a las jóvenes generaciones de personas Bielorrusas una comprensión más amplia de lo que ha pasado en el país durante el Holocausto. Hubo 275 barrios judíos en Bielorrusia; 62 barrios estaban el la región Vitebsk. Toda la tierra de Bielorrusia llegó a ser una fosa común y fue empapada a profundidad con sangre de la población judía.

El sitio de web *myshtetl* (2) expone todos los lugares donde los judíos vivían. Haciendo clic en el nombre de un asentamiento, se pueden escuchar las voces de los sobrevivientes del Holocausto derramando sus lágrimas por la trágica pérdida de sus familiares enterrados ahí en las fosas comunes.

LISTA PARCIAL DE LOS JUDIOS ASESINADOS POR LOS NAZIS Y LOS COLABORADORES LOCALES

Una lista en hebreo me fue enviada por Nina Smushkina. El martes 15 de junio de 1958, en el aniversario numero dieciséis de la exterminación de la población judía en Disna, nosotros, los supervivientes del Holocausto de Disna, ahora residentes de Israel, nos hemos reunido sobre el Monte Zion, en Jerusalem. Hemos instalado una placa conmemorativa en honor de nuestros familiares y compatriotas los cuales fueron brutalmente asesinados por los nazis alemanes y sus colaboradores. La placa conmemorativa y la rúbrica contienen los nombres de judíos que perecieron en Disna, pero no pudimos recordar todos los nombres de los judíos asesinados. Nuestro deseo es que descansen el el cielo y en nuestros corazones. Que esta placa conmemorativa y la lista de judíos asesinados llegue a ser una señal de vergüenza a todos los que indiferentemente observando las atrocidades brutales y facilitaron los actos criminales de los malvados quienes derramaron ríos de sangre inocente.

Abeshaus Aron y familia	Barts Benzia
Abramson Tzvi y familia	Barts Haya Zelda
Abramson Yakov, hijo de David	Baron Osher, hijo de Israel
Abramson Aaron, hijo de Yakov	Baron Tsia, hija de Israel

Abramson David, hijo de Yakov

Abramson Sholom, hijo de Yakov

Abramson Sheine, hija de Yakov

Abramson Mordechai, hijo de Yakov

Abramson Aba, hijo de David

Abramson Rachel Leya, hija de Aba

Abramson Levi Yitzhak, hijo de Aba

Abramson Eydlya, hija de Aba

Abramson Sara, hija de Aba

Aisenberg Boris y familia

Aisenberg Yitzhak, hijo de Dov

Aizenberg Dvora, hija de Moshe

Alkiner Avram, hijo de Zalman

Alkiner Yehudia, hija de Zalman

Alkiner Rochl Basya, hija de Avram

Arkin Dvora, hija de Goda

Bacheikov Hana y familia

Barkan Hasya, hija de Kalman

Barkan, familia

Blatl Nehama, hija de Selig

Blatl Miriam, hija de Selig

Blatl Hana Elke, hija deSelig

Bodniev, la familia

Chernitsky, la familia

Dagovitch Matiyahu

Dagovitch Fruma

Dagovitch Toibe

Dagovitch Israel

Dimenstein, la familia

Dlugin, la familia

Baron Shoshana, hija de Israel

Baronson Sora, hija de Tsvi

Baronson Gershon, hijo de Zalman

Baskin, la familia

Beilin Yihizekal, hijo de Michal

Beilin Braina, hija de Avram

Ben-Nun Boris y familia

Berson Gita

Berson Iosif, hijo de Berl Mordechai

Berson Tsivia, hija de Shimon

Berson Mordehai Ben-Aviv, hijo
de Iosif

Berson Zalman, hijo de Moshe

Berson Haya, hija de Avram

Berson Liba, hija de Zalman

Bimbad David y familia

Blatl Zelig, hijo de Eliahu

Blatl Eliahu, hijo de Zelig

Blatl Nahman Ber, hijo de Zelig

Blatl Beile, hija de Zelig

Gofman, la familia

Golmantsev, la familia

Gordon, la familia

Gorker, la familia

Greiniman, la familia

Greiniman Lev

Greiniman Israel, hijo de Kasriel

Greiniman Kasriel, hijo de Israel

Greiniman Simha, hijo de Israel

Greiniman Shlomo, hijo de Israel

Greiniman Basya, hija de Israel

Dresenshtok Berl, hijo de Osher

Drizenstock Hana

Drizenstock Fruma, hija de Dov

Drizenstock Gitel, hija de Dov

Drizenstock Betsalel, hijo de Dov

Dvorman Zalman, hijo de Haim

Dvorman Feiga, hija de Shimon

Elianov, la familia

Elkind Naum y familia-1

Elkind, la familia-2

Epstein Elie y familia

Etingen, la familia

Ferdman, la familia

Fruger Sheina, hija de Avram Itshak

Fuks, la familia

Gelman Zev y familia

Gelman Yahiel Dov, hijo de Reuven

Gelman Haya Perla, hija de Yahezekel

Glena Haya Doba, hija de Reuven

Gershman, la familia

Gleser, la familia

Gildin Moshe, hijo de Moshe

Gildin Menahem Mendel, hijo de Halayl

Gildin Haim Itshak, hijo de Menahem

Gilin Hona, hijo de Haim Itshak

Gildin Israel Naum, hijo de Haim

Gildim Rahoma, hija de Berel

Gildin Leiba, hijo de Haim Itshak

Gildin Ester, hija de Haim Itshak

Greiniman Kocia, hija de Shloma

Greiniman Zalman, hijo de Shlomo

Greiniman Sora, hija de Menahem

Grikiner, la familia

Grinspan Wolf, hijo de Avram

Grinspan Haya-Sara, hija de Mendel

Grinspan Broha, hija de Volf

Grunis Menahem, hijo de Moshe

Grunis Sara, hija de Menahem

Grunis Dov, hijo de Moshe

Grunis Aron, hijo de Zalka Ber

Grunis Gita, hija de Haim

Grunis Idele, hija de Tsvi

Gorkier Dila, hija de Menahem

Gurevitch, la familia

Gurfinkel, la familia

Gutkin Hana, hija de Gershon

Gutkin Bayle, hija de Gershon

Gutkin Gotlib, hijo de Boruh

Gutkin Zalman, hijo de Boruh

Haikin David, y familia

Hidekel Mordhai, hijo de Shaul

Hidekel Moshe, hijo de Shaul

Hidekel Basya, hija de Mordehai

Hidekel Girsh, hijo de Moshe

Hitro Gotlib, hijo de Peisah

Hitro Vitel, hija de Isaac

Hitro Baruch Isaac, hijo de Gotlib

Hitro Dvora, hija de Gotlib

Gildin Toibe Sara, hija de Haim Izhak

Gildin Iosif, hijo de Menahem

Gildin Sara, hija de Menahem Mendel

Gildin Yelka, hija de Menahem Mendel

Gitlits, la familia

Hitro Yafe-Zelda, hija de Moshe

Hitro Yafe Josif

Hitro Berl, y familia

Hoberman, la familia

Hodosh, la familia

Hofman, la familia

Hofung, la familia

Ivinitsky Moshe, hijo de Shmuel

Ivinitsky Sora, hija de Leizer

Ivinitsky Zelda, hija de Moshe

Kagan Menahem

Kagan Mendel y familia

Kagan Ben Zion, hijo de Mordehai

Kagan Sima, hija de Eliyagu

Kagan Soshke, hija de Kasriel

Kalmanovitch Aba, hijo de Benyamin

Kalmanovitch Benyamin, hijo de Abe

Kalmanovitch Tsevia, hija de Menahem

Hitro Volf, hijo de Gotlib

Hitro Eliyahu Leib, hijo de Peisah

Hitro Hade, hija de Moshe

Hitro Masha, hija de Eliyahu Leib

Hitro Pesya

Leitman Avram ELie, hija de Iosif

Leitman Sara Guta, hija de Yakov

Leitman Berl, hijo de Avrom

Lekakh Mordhai Benyamin, hijo de Shlomo

Lekakh Shlomo Izhak, hijo de Eliyahu

Lekakh Malka, hija de Shmariagu

Lekakh Eliyagu, hijo de Shlomo

Lekakh Avram, hijo de Moshe

Lekakh Ben Zion, hijo de Moshe

Lekakh Shimon, hijo de Shaul

Lekakh Leya, hija de Shaul

Lekakh Levi, hijo de Shimon

Lekakh Genya

Lekakh Shmaryagu, hijo de Shlomo

Lekakh Leizer, hijo de Tsvi

Lekakh Tsvi, hijo de Leizer

Lekakh Nechama, hija de Leizer

Lekakh Mihle, hija de Leizer

Kaplan Musya, hija de Eliyagu

Kaplan Yakov, hijo de Gilel Baruh

Katz Fenizia, hija de Haim Alter

Katz Abram Moshe, hijo de Haim Ber

Katz Doba, hijo de Simha

Katz Itka, hija de Abram Moshe

Katz Haim Alter, hijo de Abram Moshe

Katz Mule, hijo de Abram Moshe

Katz Shimka, hija de Abram Moshe

Katz Kalman, hijo de Haim Alter

Kazenelenbogen Israel

Kazliner, la familia

Keningsberg Moshe

Kliot, la familia

Klupt, la familia

Klupt Miriyam, hija de Simon

Kogan Zelda, hija de Kasriel

Kotsin, la familia

Kunkes, la familia

Kuperman, la familia

Kurnitz Avram, hijo de Reuven

Kurnitz Zalman, hijo de Reuven

Kurtnitz Reuven, hijo de Avram

Kuznetsov, la familia

Lahman, la familia

Lapid, la familia

Leitman Haim, hijo de Avram Elia

Lekakh Benyanin

Levit Taibe Sora, hija de Haim Izhak

Levit Israel, hijo de Naftali

Liflanchik Hana, hija de Moshe

Liflanchik Masha, hija de Hona

Lifshitz, la familia

Luria, la familia

Mahinson Israel, hijo de Mordehai

Mahinson Genya, hija de Israel

Mahinson Meita, hija de Israel

Mahinson Mordehai, hijo de Israel

Mahinson Lesya, hija de Israel

Manin, la familia

Melamed Nahum

Melamed Rachel, hija de Simon

Milner Meir, hijo de Mendel

Milner, la familia

Milner Sara, hija de Zalman

Minkov, la familia

Milner Mendel, hijo de Meir

Milner Faivel, hijo de Meir

Milner Tamara, hija de Meir

Minkov Itshak Zeev, hijo de Arye

Neishtat, la familia

Nevnyansky, la familia

Paikin, la familia

Rishevitch Tsvi, hijo de Rafael

Rishevitch Frida, hija de Yakov

Rishevitch Tsvi Liba, hija de Menahem

Rishevitch Mendel Leib, hijo de Rafal

Rishevitch Menahem Leib, hijo de Zalke Ber

Rochlin, la familia

Rositsan, la familia

Roset, la familia

Rumor, la familia

Shambad Meir y familia

Shatsman, la familia

Shenkman Malka, hija de Iosif

Shenkman Bat-Sheva, hija de Tsvi

Shenkman, la familia

Sher, la familia

Shinkin Zalman, hijo de Moshe

Shinkin Reize, hija de Irahmiel Aizeck

Shinkin Haya, hija de Zalman

Shmaryahu Zalman Yofe, Rabbi

Shuchman Dina, hija de Israel

Shuchman Ester, hija de Rafal

Shuchman Sonya, hija de Aba

Sosner Ishiagu, hijo de Tsvi

Sosner Shepsl, hijo de Ishiagu

Sosner Sara Gita, esposa de Shepsel

Suskovitch Joshua, hijo de Abram

Suskovitch Feiga, hija de Moshe

Suskovitch Efraim, hijo de Menahem

Suskovitch Rahel, hija de Abram

Suskovitch Menahem Mendel, hijo de Joshua

Suskovitch Abram, hijo de Menahem Mendel

Sushkovitch Yakov, hijo de Idel

Sushkovitch Frida, hija de Idel

Suskovitch Mordehai Zalman, hijo de Joshua

Suskovitch Hana, hija de Mordehai Zelig

Sushkovitch Haya, hija de Moshe

Sushkovitch Syoma, hijo de Modehai Zelig

Sushkovitch Margila, hija de Mordehai Zelig

Sushkovitch Tsipora, hija de Mordecai Zelig

Sverdlow Perla

Sverdlow Sholom

Sverdlow Iosif

Sverdlow Juda

Shulman, la familia

Singer Israel, hijo de Todres

Singer Dan, hijo de Israel

Singer Batya, hija de Israel

Skibin Pesya, hija de Eliyagu

Skibin Itshak, hijo de Tsvi Aaron

Skibin David, hijo de Tsvi Aaron

Skibin Neha, hija de Tsvi Aaron

Skibin Tsvi Aaron, hijo de Nachman

Slavin, la familia

Slavin Erahmiel Isaac, hijo de Binish

Slobodkin, la familia

Slutskov, la familia

Smirin Hona y familia

Smushkevitch Arke, hijo de Simha

Smushkovitch Moshe, hijo de Arke

Smushkovitch Peisah, hijo de Peisah

Smushkin Genya, hija de Eliezer

Smushkin Shlomo, hijo de Haim

Smushkovitch Naum y familia

Smushkovitch Iona y familia

Smushkovitch Leizet, hijo de Arke

Sorokin, la familia

Sverdlow Yakov

Sverdlow Meir

Tarno Mordehai y familia

Tsernitsky, la familia

Tsirlin Eliezer, hijo de Gersh-Mendel

Tsirlin Elka, hija de Eliezer

Tsirlin Tsipa, hija de Eliezer

Waispapir Genya, hija de Ruvke

Waispapir Genya, hija de Haim

Waispapir Sima, hija de Israel

Waispapir Hana, hija de Haim

Waispapir Aron, hijo de Haim

Waispapir Rivka, hija de Haim

Waispapir Genya, hija de Aaron

Waispapir Zalman, hijo de Haim

Waispapir Liba, hija de Shimon

Waispapir Rachel, hija de Zalman

Waispapir Levik, hijo de Zalman

Waispapir Haim, hijo de Zalman

Waispapir Rivka, hija de Moshe

Waispapir Berl, hijo de Berl

Waxmaher, la familia

Wigderhaus, la familia

Yavich David y familia

Yazmir, la familia

Yofe Shmariahu

Yofe Kasriel y familia

Yofe Zelda, hija de Moshe

Zaidel Ester, hija de David Leib

Zaidel Rahel, hija de David Leib

Zaidel Haya Ita, hija de David Leib

Zalman, Rabbi Zaidel Hana, hija de David Leib

Zaidel Yaha, hija de David Leib

Zaidel Hanoh, hijo de Gershon

Yofe Iosif

Yokton Naum y familia

Youdin Boris y familia

Youngelson Berl, hijo de Yakov

Youngelson Haya Zelda, hija de Meir

Youngelson Pesah, hijo de Berl

Youngelson Shepsel, hijo de Berl

Zeiden David Leib, hijo de Gershon

Zaidel Cipora Batya, hija de Kastrel

Zaidel Sara, hija de David Leib

Zak, la familia

Zuravin, la familia

Zuravin Yakov, hijo de Israel

Zuravin, hijo de Yakov

Zverankin Broha, hija de Nohem

Katz Leib

Katz Malka

Katz Sophia

Katz Dina

Katz Moishe

KATZ ZALMAN

Nuestro padre Leib y madre Malka tuvieron tres tres hijos (Efraim, Moishe, y Zalman) y dos hijas (Sophie e Ida). Nuestro padre trabajaba para un propietario de madera para construcción; su lugar de trabajo era en Kruki, fuera de Disna. Sus ganancias no eran suficientes para mantener a toda la familia. Nuestra madre trabajaba en su máquina de cocer, haciendo vestidos para venderlos en el mercado. Efraim servía como bombero. Nosotros, los niños más pequeños atendíamos la escuela pública polaca.

Las tradiciones judías habían sido observadas en nuestro hogar. En Shabbat y en los días festivos mis padres atendían la sinagoga cercana.

El 17 de septiembre de 1939, los soldados polacos desaparecieron rápidamente. Algunos nuevos puestos de trabajo se abrieron para la población desempleada. La educación gratuita era atractiva para muchos judíos. Gradualmente, las invenciones soviéticas habían reducido el rol de las tradiciones judías en la vida de los jóvenes judíos.

En abril de 1940, Efraim fue enlistado para la Armada Roja. El peleó en la frontera soviética y falleció en junio de 1942. El lugar de su tumba permanece desconocido hasta la fecha.

Las tropas alemanas entraron a Disna el 3 de julio de 1941. La ciudad fue quemada por los bombardeos alemanes. La guerra entre la Armada Roja y los alemanes continuó alrededor de Disna por 10 días.

Nuestra familia dejó Disna y encontró albergue en el hogar de Zhurawski, un buen amigo de nuestro padre. Cargamos nuestras pertenencias ahí. Zhurawski tenía dos hijos - Konstantin y Pavel.

Los alemanes comenzaron inmediatamente a inventar su orden. Una unidad de policía compuesta por voluntarios y criminales fue formada. Estos hombres empezaron a profanar y a quemar las sinagogas. A los judíos les robaban; algunos fueron tomados como rehenes y muchas veces sin liberarlos, ni con redención ofrecida. Los hombres-SS aterrorizaban a la gente judía. Familias judías iban a esconderse fuera de la ciudad. Pero pronto se les ordenó que regresaran otra vez a Disna. Al seguir esta orden, nuestra familia regresó a casa sin la mayoría de nuestras pertenencias. El viejo amigo Zhurawski no tenía ninguna duda de que sus hijos protegerían nuestras cosas.

Nuestra familia fue llevada al barrio local. Las condiciones de vida en el barrio eran muy duras; no había un lugar para dormir, era difícil de respirar, no había saneamiento. En cada casa del barrio vivían muchas familias a la vez. Enfermedades empezaron a esparcirse en las familias judías.

Todos los trabajos judíos fueron cerrados. Las tiendas servían solo a los alemanes. A los judíos no les era permitido caminar fuera del barrio.

Desde que la línea fronteriza se cambió al este, no muchos alemanes se quedaron en la ciudad. La población permaneció bajo el poder de la policía local y la administración determinada por los alemanes. Algunos de los judíos lograban escaparse del barrio, pero los locales los capturaban y eran entregados en manos alemanas. Los „cazadores" recibían recompensas por cada judío capturado que había escapado. La recompensa era algo de sal, o tabaco.

Una vez en la noche, escapé del barrio, pero mi hermana Ida me había seguido. Ella temía que los alemanes castigaran a la familia entera por mi desaparición. Así que regresé con mi familia.

Un día, los soldados alemanes les ordenaron a 100 judíos que se pararan cerca de la pared. Y cada décimo judío era escogido, sacado de la línea y ejecutado enfrente de los demás. La explicación que los alemanes dieron a los judíos restantes fue que alguien había dañado un cable telefónico. Esa era su advertencia a los judíos en contra de cualquier acto de sabotaje.

Un Judenrat fue formado por los alemanes. La ley fue emitida, ordenando a todos los judíos a usar estrellas amarillas sobre el pecho y sobre la espalda. A los judíos se les prohibía caminar sobre la banqueta, usar cualquier medio de transporte, y atender cualquier lugar público. Los judíos tenían que entregar a la Gestapo su joyería, oro, relojes.

La policía local polaca vino a la escuela del barrio, seleccionó a muchachas judías y las violó. Mi hermana Ida tenía 21 años de edad. La policía local la arrastró hasta el bosque y la violó. La dejaron sola sangrando sobre la tierra.

Estaba trabajando junto con los otros hombres judíos para limpiar la nieve fuera de los caminos. El invierno era severo y los hombres sufrían de mucho frío. A los hombres que se desplomaban sobre la nieve, les disparaban.

Una vez vi en la calle a unos amigos de escuela. Les sonreí, pero en respuesta, ellos me escupieron en la cara y se rieron de mí. Eso era una clara evidencia de que no había amistad con las personas que no eran judías.

Los judíos en el barrio sufrían de frío y de carencia de alimentos. Algunos murieron de hambre, otros por el frío, o debido a infecciones. Unas de las personas gentiles locales habían ofrecido comida a cambio de joyería.

El 8 de febrero de 1942, mi madre murió de hambre. El 23 de marzo de 1942, a mi padre Yehuda Katz, y a mi hermana Ida les dispararon a muerte entre cientos de judíos más en Glubokoye.

Una mañana nublada del 15 de junio de 1942, los alemanes entraron al barrio inadvertidamente. Tocaron y abrieron las puertas ordenándoles a todos a salir. Los judíos fueron llevados a una casa en las afueras de la ciudad, ordenándoles que se sentaran sobre el piso.

Mientras tanto, los agricultores locales habían estado cavando fosas.

Tan pronto como escuché sus ordenes, salté de la cama, y escapé a través de la ventana y corrí a la ciénaga. La neblina ayudó a otros judíos a escapar también, pero la mayoría fueron capturados y luego les dispararon; los niños pequeños fueron arrojados contra las paredes, y así sus cabezas estallaron dejando al descubierto sus cerebros.

Los alemanes les dispararon a todos y quemaron los hogares para matar a cualquiera que pudiera estar escondido adentro. Aquellos que escaparon al bosque fueron capturados. Les dispararon y los arrojaron a las fosas. Algunos niños fueron enterrados vivos. Los asesinatos continuaron durante todo el día. Mi padre y mi hermana mayor Sophie fueron ejecutados entre los miles de judíos en Disna ese día.

Alrededor de novecientos judíos habían escapado la ejecución. Ellos se escondieron en los bosques de alrededor. Muchos se unieron a los partisanos y fueron asesinados luchando en contra de los nazis.

Mi hermano Moishe también había escapado. El no sabía nada acerca de mí. Aparentemente ambos nos habíamos estado escondiendo en la misma ciénaga.

Yo había hecho una balsa con ramas de árbol y la había cubierto tanto como había podido. Por dos semanas viví en esa balsa, y sobreviví comiendo arándanos agrios recogidos en esa misma ciénaga. Aveces iba a encontrar comida temeroso de que alguien me viera. Me encontré con un granjero familiar, Zagorski. El me dio ropa y comida. El también encontró a mi hermano Moishe.

Encontramos al hijo de 16 años de Zagorski pastoreando sus vacas en el campo. El muchacho tenía una ametralladora sin balas. Intercambiamos una camiseta por la ametralladora.

Llegamos hasta otro granjero le pedimos por comida y lo amenazamos con la ametralladora vacía. Recibimos nuestra comida. Y decidimos luchar contra los alemanes.

En octubre de 1942, nos unimos a una unidad guerrillera dirigida por Kanapelka, un antisemita. Dos meses más tarde, la unidad fue incluida dentro de otra brigada bajo el comandante Polyakov. **La mayoría de**

los miembros de esa brigada partisana eran judíos. Dañamos líneas de ferrocarril, puentes, cavamos fosas sobre los caminos y desviamos la líneas de conexión. Matamos a policías locales y a soldados alemanes. Los partisanos sufrieron perdidas muy pesadas. Muchos de ellos no sobrevivieron las dificultades de la vida en los bosques.

Durante el invierno de 1942-43, sufrimos de las heladas. Decidimos visitar el hogar del amigo de nuestro padre, Zhurawski para pedir ropa que nos mantuviera sin frío. El comandante Polyakov nos dio a un hombre para nuestra protección. Tocamos a la puerta de la casa de Zhurawski y fuimos recibidos cálidamente por Konstantin y Pavel Zhurawski. En ese momento, el viejo Zhurawski no estaba en casa. Los hermanos pusieron sobre la mesa mucha comida y vodka. Mientras comíamos y bebíamos, no nos percatamos de que Pavel Zhurawski dejó la casa. Al parecer fue a caballo e informó a la policía de Disna acerca de sus invitados partisanos.

Soldados alemanes armados y el jefe de la policía de Disna, Josef Jushkewich, llegaron de repente a la casa de Zhurawski para arrestarnos. Nos ataron juntos a Moishe y a mí, y fuimos puestos dentro de la carroza de caballos de Zhurawski. Ambos hermanos se estaban riendo de nosotros. Mientras tanto, conseguí desatar la cuerda que nos ataba juntos a Moishe y a mí. Entonces corrimos en direcciones opuestas. Jushkewich le disparó a Moishe con su ametralladora muchas veces, aún cuando Moishe ya estaba sobre el suelo. Mientras Jushkevich y los soldados ataban al tercer partisano y le disparaban, yo escapé en dirección hacia la ciénaga.

Regresé a los partisanos yo solo. Le conté a Polyakov lo que había pasado en la casa de Zhurawski. El estaba listo para enviar a un grupo de partisanos para pagarles su merecido a los hermanos. Pero me enfermé severamente con tifoidea. Cuando me recuperé, un grupo de cuatro partisanos y yo entramos al hogar de Zhurawski. Le ordenamos a ambos hermanos que salieran y se pusieran contra la pared. Les disparé con la ametralladora y los dos traidores cayeron. Pero no encontré satisfacción en la muerte de los Zhurawski. Estaba lleno de furia y odio en contra de Josef Jushkevich. Decidí encontrarlo. Más tarde, me dijeron que en el funeral de los hijos, el viejo Zhurawski dijo que Dios los había castigado por sus acciones.

Otro comandante de una unidad partisana, llamado Kanapelka, había ordenado a sus hombres que encontraran a Zalman Katz, quien había matado a los hermanos Zhurawski. Fui a esconderme a la ciénaga Kruki, mientras otros partisanos regresaron a la brigada. Kanapelka envió a sus hombres para encontrarme. El ejecutó a Polyakov a fin de llegar a ser el comandante de la brigada. Dejé la región; de otra manera Kanapelka me hubiera matado. Huí a la sede de los partisanos cerca de Vilno. En el camino, tenía que robar y cambiar de caballos. Reporté que Kanapelka asesinó a Polyakov. Kanapelka fue despedido de su posición, pero él era aún un peligro más para mí.

En el invierno de 1942, yo era un partisano en la brigada de Suborov, en la region de Minsk. Por las noches, con mi grupo de cuatro partisanos destruíamos puentes, bloqueábamos caminos y descarrilábamos trenes. Yo tenía un odio muy grande en contra de los nazis asesinos de mi familia y sus colaboradores locales. Escuché que Josef Jushkewich había dejado Disna. Yo estaba obsesionado con encontrarlo.

En agosto de 1943, yo era parte de una gran brigada de partisanos de 95,000 hombres que operaban sobre un gran territorio. Estábamos envueltos en la operación „Guerra sobre los Carriles." Las tropas alemanas lucharon batallas severas contra de nosotros. Nos rodearon en la región de Stuka. Encontramos una salida fuera del bloqueo, pero tuvimos una gran pérdida: 25,000 partisanos fueron asesinados. En junio de 1944, solamente 10,000 partisanos seguían con vida.

Mientras la Armada Soviética liberaba a Belarús, mi grupo de partisanos fue incluido en las filas. Los comandantes acostumbraban enviarnos a las operaciones más difíciles. En una de las batallas en Kurlandia, sufrí una concusión y fui herido en la palma de mi mano derecha. Un tren llevaba a los heridos al hospital. Salté fuera del tren no muy lejos de Disna; no quería continuar luchando y morir, sin terminar mi meta de encontrar a Josef Jushkewich.

En Disna, vi a muchas caras de los colaboradores. Desafortunadamente, ellos no fueron castigados ni puestos en prisión por sus crímenes en contra de la gente judía. Fui a Suzdalcev, el jefe de la oficina del KGB en

Disna, y le reporté acerca de los colaboradores. Asombrosamente, él me arrestó a mí, y me puso en el sótano del hospital. Fuerzas con influencia en Disna no querían descubrir y castigar a los colaboradores.

Mientras estaba en el sótano, mi herida continuó sangrando. Una inspección vino al hospital. Conseguí enterarlos acerca de la acción que Suzdalcev tuvo en contra mía después de reportarle acerca de los colaboradores. Fui puesto en libertad del sótano.

NINA SMUSHKINA

Estoy aquí enfrente de ustedes, pero estaba condenada a ser enterrada en aquella tumba junto con mis padres, mi hermana, mis familiares, mis amigos de la infancia, y todos los judíos de Disna. Sin embargo sobreviví.

Cincuenta y un años después de esa horrible tragedia, vine para decirles que lo que ha pasado aquí durante esos días terribles en los que una creencia horrible incluyó a nuestros hermanos y hermanas. Una mente humana no puede encontrar las palabras para expresar lo que pasó aquí. No obstante, los neonazis y otros están tratando de anular la verdad sugiriendo que no hubo asesinatos, o quema de judíos en las cámaras de gas, y que 6 millones de judíos no fueron aniquilados en Europa.

Y ahora, estamos ante esta terrible verdad, las tumbas de la población judía de Disna y de todos los judíos que vivían alrededor de la ciudad. Todos ellos fueron asesinados solamente porque habían nacido judíos. Qué tipo de crimen habían ellos cometido, porqué han sido castigado niños, hombres, mujeres, y ancianos, todos ellos judíos. La población de Disna vivía en pobreza, y trabajaban duro para ganarse el pan de cada día.

Durante toda la vida, yo continúo viendo enfrente de mis ojos las condiciones del barrio judío. En la mañana de ese día terrible, los villanos soldados alemanes y policías locales rodearon el barrio desde el río a lo largo de las calles Polotsk y Glubokoye. Yo salté de mi cama en mis pijamas y corrí por las calles descalza gritando: „Judíos, huyan!" La gente joven huyó de sus casas. Hoy en día, no sé donde sus huesos están dispersos. Los policías y otros voluntarios los atrapaban en los bosques como animales salvajes y los entregaban a los alemanes.

My hermana menor Katya, la cual tenía 9 1/2 años de edad y yo continuamos ambulando, escondiéndonos en los bosques y arbustos, cambiándonos de lugar y escuchando disparos. Teníamos hambre y estábamos con picaduras de mosquitos. Nuestros cuerpos tenían heridas terribles. Teníamos que decidir si entregarnos en las manos de los alemanes, o ir a Glubokoye, donde un barrio judío existía todavía. Decidimos ir a Glubokoye para dormir sobre una cama y ser asesinadas junto con los otros judíos. En el caminos Glubokoye, fuimos capturadas, cargadas sobre un caballo para ser llevadas al lugar de los disparos, pero conseguimos escapar. Otra vez, nos estábamos escondiendo en arbustos y en zanjas. Llegamos a Glubokoye y vivimos en el barrio hasta que llegó a su fin en agosto de 1943.

En Glubokoye nos encontramos con un conductor familiar, Habratsky. Nos dijo que nuestro padre Moisey Ivinitsky estaba todavía vivo y continuaba trabajando junto con los trabajadores que quedaban. Estábamos muy contentas. Habratsky nos ayudó a establecer contacto con nuestro padre quien nos envió una carta. Nuestro padre, Moishe Ivinitsky también huyó del barrio y fue con sus amigos de la niñez a su nativa villa Polaki, cerca de Miory. Esos amigos habían seguido visitado nuestro hogar en Disna y siempre eran bienvenidos. Esta vez, esos mismos amigos lo ataron con cuerdas y lo entregaron a los nazis en Disna. El fue brutalmente golpeado. Nuestro padre fue asesinado junto con los otros 17 trabajadores. Los alemanes los mataron en venganza por lo que los partisanos les habían robado junto con el doctor judío Naum Lekach.

Esto sucedió en el granero del gimnasio. Sus cuerpos fueron arrojados a una fosa de arena. Ahora, hay una lápida sepulcral por los últimos 17 judíos asesinados de Disna.

KATYA GECHT

A la edad de nueve años y medio, Katya, una de las dos hermanas de Nina Ivinitsky (Smushkina) escapó del barrio judío de Disna. Ella sobrevivió gracias a la valentía y los cuidados de su hermana mayor Nina. Katya fue herida mientras huían del barrio de Glubokoye. Una bala penetró su espalda, cerca de la columna vertebral y salió al frente por su estómago, abriendo sus intestinos. No había vendas para cubrir su herida. Piezas de tela inmersas en el agua de unas zanjas fueron usadas para limpiar su herida. Gusanos aparecieron alrededor de la herida infectada. Sus padres Moishe y Sonya Ivinitsky y la hermana mayor, Zelda, fueron asesinados por los nazis. Después de la guerra, Katya conoció a su futuro esposo Meir Gecht, un sobreviviente de los campos de muerte de Auschwitz. Ellos emigraron a Israel. Katya tuvo hijos gemelos. Ella tiene ahora 6 nietos y una recién nacida bisnie

ZALMAN SHENKMAN
FUERA DE LA FOSA SOBRE
LOS CADAVERES

La hija de Zalman de su matrimonio posterior a la guerra, Stella, me escribió: „Sé que mi padre saltó a la fosa común antes de que le disparararan. Su primera esposa y sus dos hijos quedaron en la fosa común.“

Por la noche, cuando todo alrededor estaba en silencio, él escaló por las pilas de cuerpos hacia afuera, huyó al bosque y encontró un grupo partisano. Cuando Belarús fue liberada, él sirvió en la Armada Roja hasta la victoria. Le fueron otorgadas medallas.

Iosif Kagan, un veterano de la Segunda Guerra Mundial, me escribió lo siguiente. Era el invierno de 1942. Conocí a Zalman Shenkman aproximadamente 30 kilómetros de la linea fronteriza. El estaba sirviendo en una base de entrenamiento. Como el hijo de un jardinero, él estaba plantando vegetales para los comandantes de esa base de entrenamiento. Nos pasamos la noche entera en su pequeña cabina en el jardín. El me contó acerca de Disna, y que la vida en el barrio judío era como un infierno. Cuatro o cinco familias vivían en una casa. No había electricidad, todos sufrían de hambre, frío, y piojos. Zalman enumeró las familias y familiares asesinados ese día.

Los colaboradores locales se encontraban cerca de la fosa con una ametralladora. Fusilaron a los judíos. Los nazis supervisaban el orden.

DOV (BERL) SOSNER DEJAMOS LA TIERRA MALDECIDA

La ciudad de Disna era nuestra ciudad natal. No era fácil ganarse la vida. La gente polaca nos hacía la vida pesada, pero conseguíamos vivir y observar las tradiciones judías. La gente guardaba el Shabbat y los días festivos y las sinagogas estaban llenas. Cuando los soviéticos vinieron, la vida religiosa no era de su parecer. Las sinagogas se vaciaron. La juventud, incluyéndome a mí, nos unimos a las organizaciones Pioneros y Komsomol.

En junio de 1941, empezó la guerra. Sabía lo que los asesinos alemanes les hacían a los judíos. La noche de junio 27 del mismo año, mi amigo Moshke y yo estábamos de guardia. Luego, dormimos en su casa. Mi madre vino y nos dijo que la juventud estaba cruzando el río Dvina escapando de los nazis. Así que Moshke, mi hermana y yo cruzamos el río, pero mi madre se quedó en casa un día más. Un año después nos encontramos con mi madre. Taybel, mi hermana y yo viajamos a Kazakhstan. La vida era muy difícil: teníamos hambre, y el trabajo era duro. Nos enfermamos con tifoidea, pero milagrosamente sobrevivimos. Conseguí estudiar en la escuela local. A la edad de 18 años fue llamado para el servicio militar. Me fue indicado ser el asistente de conductor. En el campo de batalla sobre la primera línea, entregábamos amuniciones y llevábamos de regreso a los soldados heridos y a alemanes capturados. Cuando la guerra terminó, regresé a una Disna en ruinas. Nuestra casa fue quemada completamente. Todos los judíos de Disna fueron asesinados.

Mi hermano Shabtai (Schpsel) vivía en Plisa con su esposa y sus dos niños. Todos fueron asesinados por la gente local antes de que los alemanes llegaran. La gente local vació su tienda. Mi hermana Musya con su esposo y cuatro o cinco niños fueron asesinados el mismo día que el barrio judío de Disna fue destruido. A otros miembros de nuestra familia extendida quienes vivían en Lunacharsk los mataron en las orillas de río Dvina. Sus cuerpos fueron llevados por las aguas del río.

Decidí que esa tierra maldecida era suficiente para mí. Mi madre, mi hermana, y yo partimos a Israel. En Israel me encontré con mi hermano Lazer y mi hermana Genia. Ellos vinieron a Israel antes de la Segunda Guerra Mundial. Y así, empezamos una nueva vida.

MOISEY GRINSHPAN

Nací en 1925, en Disna, Polonia. Mi padre Wolf Grinshpan era un herrero. Nuestra familia vivía en una casa grande de madera con un jardín en la Calle Chkalov 8. La gente local quemó nuestra casa siguiendo las órdenes de los alemanes de destruir las casa judías. Al cuarto o quinto día de la ocupación alemana en nuestra ciudad, la población entera cayó en pánico. Pronto, los soldados alemanes estaban alrededor de la ciudad, la cual bombardearon. Era peligroso quedarse ahí.

El 24 o 25 de junio de 1941, los residentes de Disna se juntaron en el ayuntamiento para escuchar una información acerca de la „situación internacional." Un comisario de alto nivel insistía que la Red Armada detendría a los alemanes sobre el viejo borde entre la Unión Soviética y Polonia, tan solo a lo largo del río Dvina. Insistiendo que la población no debería de tener pánico ni tenía que correr. Sin embargo, muchos judíos corrieron al río Dvina. Ese mismo día, mi hermano Alter cruzó el río con el grupo del Komsomol. Bulin, el segundo secretario de la comitiva del Komsomol, los llamó a juntarse en las orillas del río Dvina. Afortunadamente, mi hermano fue uno de las 90 personas que fueron aconsejadas cruzar el río „porque los alemanes entrarían pronto a Disna." Mis padres me enviaron a que siguiera a mi hermano, pero el embarcadero estaba dañado por los bombardeos. A la noche siguiente, crucé el río por bote. Una vez en la villa de Lunacharskoye, no encontré a mi hermano. En 1947, lo encontré en Berlín Occidental, en un campo para personas desplazadas. Más tarde él emigró a los Estados Unidos.

Durante la Segunda Guerra Mundial, tuve que hacer mi camino desde Lunacharskoye a través de los bosques hasta Polotsk. De ahí llegué a Newel y Velikiye Luki en vagones. Durante esos días, los alemanes continuaron bombardeando el área. Yo estaba completamente exhausto. En la estación de ferrocarriles de Velikiye, una familia tuvo compasión de mí -un solitario, hambriento y sucio muchachito judío. Me tomaron junto con ellos dentro del buen vagón. Y juntos llegamos a Saratov. Fui enviado a trabajar a una fábrica de cocina para la caballería. Luego se convirtió en parte de una fábrica de deposito de armas. Estaba trabajando ahí de soldador electricista. Las condiciones eran severas, -el trabajo duraba de 12 a 14 horas por día. La comida no era suficiente y de mala calidad. Habían condiciones anti-sanitarias en el dormitorio. Seguido me enfermaba. En la ciudad de Balashov, me uní voluntariamente a la Armada Soviética. Serví en una unidad de mortero y cargaba sobre mis hombros un tubo metálico muy pesado a lo largo de los caminos. Sufrí una contusión. Cruzamos Prusia Oriental con el Tercer Frente Bielorruso, y terminamos la guerra en Berlín. Mientras la guerra terminaba, yo continuaba con mi servicio militar y llegué a ser un oficial de la Armada Soviética. Después de ser dado de alta, fui a Leningrad donde mi primo vivía. Me gradué de una escuela técnica y después de un Instituto. Estuve trabajando en las topografías de Leningrad. Vine a los Estados Unidos con mi hija y su hijo.

Mis padres con mi hermana menor Broha, quien estaba en aquel entonces enferma, se quedaron en casa. Mi padre Grinshpan Volf, nació en 1883. Mi madre Grinshpan Haya-Sora con mi hermana Brocha fueron llevados al barrio judío y luego asesinados por los nazis. Los alemanes usaron a mi padre, un herrero experto para sus propias necesidades. El estuvo entre los últimos 17 judíos especialistas expertos quienes fueron asesinados por los nazis el 22 de enero de 1943. La razón dada por ese castigo fue por un supuesto robo de los alemanes por los partisanos del doctor judío Naum Lekakh.

IOSIF KOGAN

Nací el 23 de agosto de 1923, en la ciudad de Disna, en Polonia. Mi padre Kogan Mendel Ber nació en 1882 y mi madre Sonya nació en 1892. Mi hermano, Haim-Gundul Kogan nació en 1917. En 1940, él fue obligado a ser parte de la Armada Roja. En el verano de 1941, mi hermano fue asesinado en una batalla entre el territorio de Minsk y Vilno. En 1947, en Disna, conocí a un amigo de él que sobrevivió quien me dijo lo acontecido. Mi hermana Zelda nació en 1919. Mi otro hermano Kasriel nació en 1921. Teníamos tías, hermanas de mi mamá: Pese-Fanya, Cipa, y Fruma; nuestros tíos, hermanos de mi mamá también: Zelik, Avremel, y Boris. Vivíamos cerca de nuestros familiares y acostumbrábamos visitarnos seguido. Los hermanos de nuestro padre, Boris y Nairoha vivían en Usachy. Todos ellos con sus niños fueron asesinados. Los alemanes no dejaron a nadie con vida, ni siquiera a los niños.

Cuando la guerra comenzó, la gente tenía miedo, estaba en pánico. Traté de persuadir a nuestros padres de dejar todo y correr. Pero ellos no querían escuchar acerca de dejar la casa y correr a dondequiera. Nuestros padres no creían que los alemanes matarían a civiles. Ellos recordaban a los alemanes de 1918, quienes no amenazaron a los judíos. Y así, partí de mi familia, para siempre.

Nosotros, miembros del Komsomol (la juventud comunista) fuimos llamados al comité. Fuimos informados que deberíamos dejar la ciudad inmediatamente, porque las tropas alemanas estarían en la ciudad en unos pocos días. El 26 de junio de 1941, fui a conseguir un permiso para evacuar. Antes de la guerra, la frontera estaba cerrada. Estuve esperando en la fila por dos horas, pero no recibí el permiso. Cuando regresé a casa, mi padre me dijo que mi hermano mayor Kasriel partió con el grupo del Komsomol. Ellos cruzaron el río Dvina por transbordador. Así que aparentemente había perdido mi tiempo tratando de obtener un permiso. Dejé mi hogar y fui al río, tratando de cruzarlo y encontrar a mi hermano. En la orilla del río noté que el jefe del hospital de Disna con su familia iba al transbordador cargando un carruaje de caballo con equipaje. Un oficial de la Armada Roja los detuvo pidiéndoles un permiso. Yo inmediatamente me uní a ellos como un miembro de la familia. El oficial le preguntó al Dr. Last: „Y este es suyo?" y él respondió „Sí." Y así crucé el río junto con ellos. Tres horas más tarde encontré a mi hermano.

Después de dos días de caminar a pie, llegamos a la estación de ferrocarril de Dretun, para dirigirnos a Nevel. Fuimos divididos en grupos de 10 personas y enviados a trabajar en diferentes trabajos. Corrimos a una estación de ferrocarril y nos metimos en los vagones de un tren de Riga-Moscú a Velikiye Luki, y de ahí a otro tren. Acabábamos de dejar la estación cuando fue bombardeada por aviones alemanes. Llegamos hasta un lugar llamado Sergach, en la región de Gorky. Hasta octubre de 1941 trabajé en una granja colectiva. Pero estaba muy frío. No teníamos ropa caliente. Después tomamos un tren hacia Fergana, en Uzbekistan. Ahí también estuvimos trabajando en un koljoz.

En 1942, Haim Smirin, Nyomka Mailivich, dos hermanos Kunkis y yo, habíamos sido ensillados en la Armada Roja. En agosto de 1942, estuvimos en la línea fronteriza. Uno de los dos hermanos, Leib Kunkis, y Nyomka Mailkovich perecieron en las batallas. Yo fui herido al final del año 1943. Pasó por la mañana. Nuestra unidad de 500 hombres fue colocada detrás de la primera línea por „información política." Fui ordenado permanecer de guardia con dos morteros.

Yo era un sargento, comandante de una batería de mortero. Repentinamente, me dieron una orden por teléfono: „Kogan, orientador-pozo, 3 kilómetros, fuego intenso!" Rápidamente había apuntado al blanco y disparado tres veces los morteros. Pronto, una nueva orden siguió: „Repite!" Lo hice así otra vez.

El comandante del régimen dijo en frente de todo el batallón que los morteros disparados por el sargento Kogan habían matado tres soldados alemanes cerca del pozo. Fui recompensado con un símbolo „Exelente Disparador de Mortero." Y Así atribuí a los alemanes por mi padre, mi madre, y mi hermana.

El 17 de octubre de 1943, fui herido por los residuos de una mina. Perdí un dedo. Los residuos de la mina están en mi cabeza hasta el día de hoy. Me atendieron en un hospital en la ciudad de Gorky (ahora, Nizhny Novgorod) y viví ahí por 51 años. En 1994, emigré con mi familia de Russia. Ahora vivimos en los Estados Unidos de America.

En el invierno de 1942-43, conocí a Zalman Eli Shankman. El sirvió en un batallón de entrenamiento como jardinero, plantando vegetales. Estábamos sentados en su cabaña en el jardín y me dijo acerca de la tragedia de los judíos de Disna. El consiguió escapar de los asesinatos. Así supe que los alemanes habían matado a mis padres.

Mi hermana Zelda junto con otras 17 personas fueron conservadas con vida para servir a los alemanes. Pero ese grupo de 18 personas, incluyendo el prometido de Zelda, fueron asesinados más tarde y enterrados en una fosa a parte. Zelda tenía 22 años de edad. Mi hermano Kasriel y yo le dimos su nombre a nuestras recién nacidas hijas.

RUVIM LEKAKH, NUESTRO PADRE

Por Michael and Evsey Lekah

Nuestro padre nació en 1897, en la villa de Lazovka, un distrito de Disna. Se graduó solamente del tercer grado de una escuela de la iglesia. Empezó a trabajar a temprana edad para ganarse la vida. El rentaba jardines frutales y vendía fruta a las ciudades más grandes. Durante los mese de invierno, nuestro padre y todos en la familia limpiábamos el lino de su paja. Eramos cinco los niños de Ruvim y Hana. Nuestra casa estaba localizada en las orillas del río Dvina, cerca de la frontera.

Nuestro padre escuchó acerca de las atrocidades de los alemanes hacia los judíos. Cuando la guerra comenzaba, nuestro padre hizo todo lo posible para salvar a nuestra familia. Dejamos nuestro hogar y nuestra ciudad natal de Disna. Desafortunadamente, la mayoría de los judíos de Disna no creía en las amenazas genocidas y permaneció en la ciudad.

Todos ellos fueron llevados al barrio judío y fueron asesinados por los nazis. Entre ellos mataron a diez de nuestros familiares.

Tomó un mes entero en carro de caballos para que llegáramos a la estación de ferrocarril de Rzhev. Entre bombardeos entramos en el último escalón para ir al éste.Nuestra familia encontró refugio en la villa de Ivanovo, en la región de Kirov. En octubre de 1941, nuestro padre fue obligado a ser parte de la Armada Roja y estuvo peleando en contra de los alemanes sobre la línea fronteriza. En 1942, él fue herido, y tratado en el hospital. Después de su recuperación, lo enviaron a trabajar como minero a la ciudad de Osinniki, en la región de Kemerovo. En 1942, nuestro hermano mayor Gregory fue llamado a servir en la Armada Roja y enviado a las líneas de la frontera. En 1943, nuestro hermano Rafael también fue llamado. El sirvió en la Armada Polaca de Krayova formada en territorio soviético. Llegó a ser coronel.

Nuestra madre Hana trabajaba en un koljoz sin recibir ningún pago. Sufríamos de hambre y teníamos carencia de muchas necesidades básicas.

El 8 de mayo de 1945, nuestra familia regresó a Disna. La ciudad estaba casi completamente destruída, pero nuestra casa se mantuvo casi intacta. Tan solo reparamos un hoyo en la pared con paja y abono.

La población de la ciudad fue reducida a menos del 20 por ciento de lo que era antes de la guerra. En ese tiempo, había alrededor de dos mil habitantes, muchos de los cuales vinieron de las villas vecinas. Disna, una ciudad verde, cómoda, linda y bien nutrida con un número de tiendas desarrolladas fue reducida a ruinas. No había trabajo, servicios, productos.

Casi toda la población judía - más de la mitad de los habitantes de Disna - fueron asesinados por los nazis. Solamente unas decenas de judíos regresaron a Disna.

Los ejecutivos locales se encargaron de entregar comida, y crear empleos. Nuestro padre, Ruvim Lekakh se le confió la posición de director de „Promkombinat" para resolver muchos de los problemas difíciles de una ciudad de posguerra en ruinas. El tomó esa labor con su talento, energía y habilidad para organizar.

Nuestro padre conocía bien a la gente local; también lo conocían y confiaban en él. Primero que nada, él organizó una panadería. Algunos de los edificios fueron restaurados y se abrieron tres tiendas. Desde que todo estaba centralizado, muchas dificultades y obstáculos tenían que ser superados para obtener algo de mercancía para las tiendas de Disna. Dentro de un corto periodo, una fábrica de ladrillos abrió, y negocios de sastre y zapateros comenzaron a trabajar. Los residentes se emplearon preparando vegetales y conservas de frutas, colectando champiñones y bayas. Hasta el día de hoy, no sabemos donde nuestro padre encontró las máquinas y equipos requeridos para esas empresas en una Bielorrusia destruida. El tuvo que encontrar e instruir a la gente para trabajar las máquinas. Entre las primeras personas estaban Maxim Kunkis y Youri Kliot, Baher el sastre, el contador Orlovsky, Haim Smirim y otros.

La producción era de buena calidad y se vendía en los alrededores. Los embutidos, las limonadas de frambuesa, los „dulces largos" eran populares en toda Bielorrusia. Un refrigerador era enfriado por medio de bloques de hielo cortados en el invierno sobre el río Dvina.

Nuestro padre Ruvim Lekakh inició la construcción de un monumento conmemorativo en el lugar de la fosa común de los judíos. El primer monumento fue construido usando ladrillos. El segundo domingo de junio de los años de la postguerra, los sobrevivientes del Holocausto venían a las tumbas de los judíos de Disna asesinados. Durante muchos años la administración local se mantuvo al margen de esas juntas conmemorativas.

Las condiciones en Rusia y en la antigua Polonia no permitieron a nuestro padre conseguir una educación. Pero nosotros, sus hijos, obtuvimos educación universitaria y nos dispersamos. Nuestra madre Hana murió. Nuestro padre quedó solo. En 1967 se jubiló.

P.D. Recordamos y amamos nuestra ciudad natal Disna y creemos en su próspero y maravilloso futuro. Estamos agradecidos con la administración de Disna por mantener en buena condición los lugares donde los judíos fueron asesinados y por recordarles a las jóvenes generaciones la historia de la ciudad y del destino trágico de su p

GREGORY LEKAKH

Gregory nació el 8 de noviembre de 1923. El era el primer hijo de Ruvim y Hana Lekakh. En junio de 1941, toda la familia escapó de Disna antes de que fuera ocupada por los nazis. Vivieron en una villa en la región de Kirov, en Rusia. En 1942, Gregory fue llamado a la Armada Roja, a pesar de que su pobre vista. El participó en las batallas en la frontera Bielorrusa. Junto con su unidad, Gregory ll egó hasta Berlín y dejó su firma sobre la pared del Reichstag. El fue recompensado con una orden de la Estrella Roja y muchas otras medallas. En agosto de 1945, Gregory vino a Disna y se encontró con su familia. En febrero de 1946, se casó con Sifra Fuks.

Gregory fue un exellenente estudiante en la Universidad de Minsk, y se graduó como un especialista de la Ley. El trabajó como abogado en Disna y en los distritos de Oshmyany, en Bielorrusia. Fue un destacado abogado de Bielorrusia, y miembro de la Asociación de Barra de Bielorrusia. El 3 de abril de 1973, Gregory Lekakh falleció en su lugar de traba

MENDEL FRIEDMAN
1915 - 2000

Enviado por Iosif Kogan y su hija Eugenia

El 26 de junio de 1941, él cruzó el río Dvina junto con el grupo del Komsomol. Sus padres y dos hermanos fueron asesinados en Disna. El vivió en Uzbekistan. En 1944, fue llamado a pertenecer a la Armada Soviética, y tenía el cargo de ser conductor de carro para un general. En 1945, su unidad militar fue localizada en la ciudad de Stettin.

En 1945, Mendel Friedman ocasionalmente veía a su tío Moisey Bimbad. Ese tío fue quien lo crío y cuidó. Sus propios padres eran pobres. (Moisey Bimbad era el dueño del molino de Disna. Gracias a él, se puso la primera corriente eléctrica en Disna. El fue deportado de Disna por los soviéticos al norte de Rusia por 10 años.)

Tío Bombad le pidió ayuda a Mendel para que él y su familia pudieran entrar a America. Mendel encontró la manera de ayudarlo cruzando el borde y llegando así a territorio americano.

Era un crime. Y Mendel Friedman fue sentenciado por tres años en prisión, pero fue liberado después de dos años. Una vez libre, vivió en la ciudad de Gorky. Un caballero muy inteligente, él sabía tocar el piano y otros instrumentos musicales. Su esposa y su hija menor fueron doctoras. Su hija mayor fue pianista.

En 1970, él dejó Gorky y fue a Riga. En los años 80's, él emigró de Latvia a Israel. Mendel Friedman murió en el año 2000

SIFRA LEKAH

*(Este texto fue tomado del sitio web **myshtetl** con permiso telefónico de Sifra Lekah, y Arkady Shulman, el dueño del website.)*

Mi nombre es Sifra Davydovna Lekah (mi apellido de soltera es Fuks) y nací el 27 de diciembre de 1924, en la ciudad de Disna. Mi familia entera, mi padre David, mi madre Rachel, mis cuatro hermanas y dos hermanos, todos vivíamos en Disna. Antes de 1939 Disna era parte de Polonia. El borde estaba sobre el río occidental Dvina. El total de la población era aproximadamente de 10,000 personas, la mayoría de ellas eran judíos. La población estaba implicada principalmente en pequeños comercios y artesanías. Había muy poca gente rica. Todos atendíamos la escuela polaca, la cual tenía hasta el séptimo grado. Mi familia no tenía los recursos suficientes para que nosotros continuáramos adquiriendo educación polaca, así que teníamos que adquirir una profesión.

La escuela polaca era atendida por diferentes niños: ortodoxos, católicos, y judíos. No había anti-semitismo. Estudiábamos religión en la escuela. Las clases eran dadas por un sacerdote católico, otro ortodoxo, y un rabino. Mis padres acostumbraban atender una sinagoga en los Sabbaths y en días festivos. Nos llevaban a todos.

Aviones alemanes comenzaron a bombardear Disna el 26 de junio de 1941. Muy pocas personas pudieron dejar Disna. Se requería de un permiso especial de las autoridades para cruzar el río occidental Dvina. Así que la mayoría de las personas, incluyéndonos a nosotros, tomamos el camino. Sin embargo, los nazis nos alcanzaron unos días después. Luego los alemanes emitieron una orden, la cual urgía a todos a regresar a Disna. También expresaba que cualquiera que escondiera a judíos sería ejecutado. Así que, la mayoría de judíos regresó a la ciudad.

Ahora estábamos viviendo en un barrio judío. Esto continuó hasta el 15 de junio de 1942. Muchos residentes jóvenes del barrio fueros asesinados por los nazis en 1941 y 1942. Mi hermano, quien tenía 21 años, también fue fusilado junto con otros judíos. Alguna gente logró escapar del barrio antes de que lo exterminaran - alrededor de 100 personas, pero de ellas muy pocas sobrevivieron. Mi hermana mayor fue afortunada - unos campesinos la albergaron en una villa, donde ella acostumbraba trabajar como maestra. La gente que la albergó ya no vive. El apellido de esa familia era Sedlovsky. Su hija vive en St. Petersburg.

Yo también huí del barrio el 15 de junio de 1942 junto con mi amiga Sonia y su hermano. Estuvimos en el bosque hasta que nos enteramos que ahí había una base partisana. Nos propusimos encontrarla. Pero en el camino fuimos atacados por los alemanes, quienes mataron al hermano de Sonia.

Afortunadamente, conocí a un partisano quien me llevó a la base de los partisanos de Melnikov. Permanecí ahí hasta agosto de 1942, trabajando en la cocina. Después hubo una decisión de enviarme a Toropets, lejos del campo de batalla. En el camino a Toropets fuimos bombardeados por aviones alemanes. Mucha gente murió. Fue un milagro que sobreviviera. Fui recogida por un conductor militar, quien me llevó a Toropets. De ahí fui enviada a Bashkiria. Regresé a Disna en julio de 1945.

EVGENY KOGAN

Mi abuelo Mendel Kogan y mi abuela Sony Shenkman están enterrados en una fosa común junto con 3800 judíos asesinados.

Mi tía Zelda Kogan y su prometido, (no sé su nombre) están en otra tumba donde 18 personas están enterradas. Ellos fueron parte de las últimas víctimas exterminadas en mayo de 1943.

Tengo 55 años de edad, soy hijo de Kasriel Kogan. Me fue dado el nombre de Zelda en honor de mi tía Zelda, ejecutada por los nazis. Mi tío Iosif vive en America.

El 14 de julio de 2012, visité una reunión conmemorativa en Disna. Fue llevada a cabo decentemente. Estoy agradecido con el administrador de la ciudad, Alexander Kachan, por organizar esta reunión dedicada a la memoria de las víctimas -nuestros familiares y otros compatriotas. Se contó con la participación de alrededor de cien personas de Bielorrusia. Solamente dos hombres judíos acudieron -Iosif Kunkes de Novo-Polotsk, y yo estuvimos ahí.

Presenté al museo de Disna una fotografía de mi tío, un residente de Disna. Su familia fue asesinada el 14 de junio de 1942. El se pasó la guerra entera en los bosques de alrededor. Fue un héroe partisano luchando en contra de los nazis. Recibió altos premios por sus acciones heroicas. También le presenté al museo una bandera del Estado de Israel. La reunión fue cubierta por la bandera de Israel.

Mi padre, Kasriel Kogan, escapó de Disna antes de que las tropas alemanas entraran a la ciudad. Durante todo el tiempo que duró la guerra, él estuvo trabajando en la ciudad de Gorky en una fábrica manufacturando tanques de guerra para la Armada Soviética. En esa ciudad él se encontró con su hermano Iosif, Samuel Zaidel, y otros judíos de Disna. Mi padre murió y fue enterrado en esa ciudad (ahora Nizhny Novgorod).

Samuel Zaidel, mi tío, escapó de los asesinatos y estuvo peleando en un grupo partisano durante la guerra. El comandante del grupo lo presentó para que fuera nombrado héroe de la Unión Soviética. Pero el comandante superior negó el derecho de ser nombrado héroe de la Unión Soviética

HAIM SMIRIN

Escrito por Grigory Smirin

Mi padre Haim Smirin, hijo de David, vivía en Disna. El consiguió escapar antes de que los nazis ocuparan nuestra ciudad natal. En 1942, él voluntariamente se unió a la Armada Roja. Durante la formación de su unidad militar se enfermó de malaria y lo retiraron. Así que él no estaba en la línea fronteriza. Hasta el año de 1947, mi padre estuvo trabajando en una facilidad militar en Magnitogorsk, Ural.

FANYA FUKS

Fanya Fuks, una maestra, escapó del barrio y se unió a los partisanos. Cuando las tropas alemanas bloquearon la región partisana, Fanya fue capturada, pero logró escapar. Ella fue escondida por la familia Sedlovsky, y sobrevivió.

Después de la guerra, se casó con Kariel Fuks. Ella vive en Israel

SAMUEL ZAIDEL

La Familia de Zaidel, Samuel con su esposa Maria. Samuel Zaidel y su familia

Por Evgeny Kogan, sobrino de Zaidel:

Samuil Zaidel escapó del barrio de Disna y se convirtió en un partisano. Su madre le dio una barra de pan de centeno y le dijo: „Mi querido hijo, corre y encuentra a los partisanos. De otra manera, nadie nos va a hacer venganza a todos nosotros.“

Samuel no quería dejar a sus padres y familiares, condenados a ser asesinados. Pero las palabras de su madre lo llevaron a los partisanos. El cruzó la guerra entera, luchando contra los alemanes, desviando trenes y haciendo otras acciones.

De 1942 a 1944, batalló contra los alemanes en la base partisana de Prudnikov. En 1944, mientras hacía una tarea particularmente importante, fue herido en la cadera por una mina que explotó. Documentos importantes fueron enviados para premiar a Samuel Zaidel con la más alta mención de honor. Pero porque era judío, no fue premiado con la estrella de oro ni llamado héroe de la Unión Soviética.

En 1946, el Comité Ejecutivo Regional de Gorky premió a Samuel Zaidel con una Orden de Valentía Partisana.

MURIERON EN EL BARRIO JUDIO DE DISNA

Por Ostrovosky Svetlana

Antes de la guerra, **Feiga-Cipora Blachman** regresó a Disna de Palestina. Se Casó con Yoel Kaplan y tuvo tres niños: Shlomo (1928), Sara (1931), and Berta (1933).

Supongo que toda esta familia pereció en el barrio judío de Disna.

MALKA RUMER

Por Elena Samuila Firrer (Hitrova de soltera) (Israel)
Enviado por Evgeny Kogan (Israel)

Elena Firer (su apellido de nacimiento es Hitrova, de Gorky, Russia.) Sus raíces de parte de su padre vinieron de Disna.

El 14 de junio de 1942, todos sus familiares de Disna fueron asesinados. Esta fotografía fue tomada en un estudio en Disna, tan solo un poco antes de que la Segunda Guerra Mundial comenzara.

Al centro de esta fotografía está su tía Malka Rumer (Hitrova.)

YAKOV SUHOVOLSKY

En marzo de 1943, a la edad de 16 años, dejé el barrio judío de Glubokoye y me uní a un grupo de partisanos. Entre ellos estaba Kasriel Kuks y Mulya Katz -ambos se habían escapado de los asesinatos del barrio judío de Disna. Comenzamos a buscar y a rescatar de otros barrios. También nos pusimos al tanto con los colaboradores, ladrones y aquellos quienes capturaban a los judíos y los llevaban a los nazis para ser exterminados.

Supimos que algunos de los judíos que se habían escapado de Disna se estaban escondiendo en la región de Miory. Ellos necesitaban ayuda. Así que fuimos a esa región.

Nos encontramos con una mujer de la ciudad de Leampol. Conocimos a su familiar Shimon Goldin, un interesante character. El estaba familiarizado con los entornos del lugar y con los caminos que llevaban a la isla dentro del los bosques de Kruki. Su hermano sabía loss caminos a los pantanos donde la isla estaba localizada

Shimon nos dijo que judíos de diferentes comunidades se estaban escondiendo en esa isla en el pantano. De vez en cuando, Shimon iba con los agricultores para conseguir comida para los judíos que se estaban escondiendo.

Pero no había dinero para pagar a los agricultores. Aunque Shimon tenía una escopeta de cañones, no quería usarla por esos propósitos.

Shimon aceptó nuestros planes de cuidar de los judío que se estaban escondiendo. Se unió a nuestros esfuerzos. El era el „jefe" de la isla, listo para recibir y atender ahí a los judíos enfermos, heridos e inhabilitados que nos encontráramos en el camino. Y así, nuestra participación organizando un campo de familia estaba hecha. Comenzamos a buscar en los bosques por judíos sobrevivientes que se habían escapado de los barrios. Llevamos a la isla judíos que encontramos de Disna, Miory, Druya, Leampol, Sharkowschizna, Braslaw y otras comunidades judías destruidas.

A continuación, está un fragmento de la carta que Zalman me escribió. El describe como él, Mulya, y yo, nos pusimos al tanto con Masalski. „Encontramos a Masalski en el cuarto de su hermana. Tú, Mulya Katz, y yo, repentinamente entramos a la casa. Masalski estaba sentado en la mesa. Le disparaste tres veces, pero él continuó moviéndose hacia nosotros, hasta que cayó sobre el piso cerca de la puerta. Tomamos el armamento y ropa y regresamos a nuestro campamento.“

LOS SOBREVIVIENTES DEL HOLOCAUSTO DE DISNA - SOLDADOS DE LA SEGUNDA GUERRA MUNDIAL Y PARTISANOS

„Un sobreviviente se ha convertido ya en un combatiente y vencedor porque él o ella han estropeado los planes alemanes de exterminar a todos los judíos, hasta el últimos." (L. Lublin. por Vladimir Lazarus, p.321)

Bielorrusia está orgullosa por haber derrotado a los ocupantes y así ganado su libertad. Aproximadamente 1,300, 000 bielorrusos y personas nacidas en Bielorrusia habían estado peleando sobre las líneas fronterizas en contra de los ocupantes alemanes en la Segunda Guerra Mundial.

Quiénes eran las personas nacidas en Bielorrusia? Los judíos constituían la segunda parte más grande de la población de Bielorussia, 6.7%.

Como muchos judíos de la URSS, mis compatriotas hombres y mujeres habían estado peleando en contra de las tropas alemanas durante la Segunda Guerra Mundial. El número exacto de los sobrevivientes del Holocausto de Disna durante esta guerra es desconocido. Pero no hay duda de que cada sobreviviente de la edad apropiada era obligado a unirse a la Armada Soviética desde su lugar de refugio.

En abril de 1940, 201 hombres judíos fueron obligados a entrar la Armada Roja y fueron transferidos por botes sobre el río Dvina.

Muchos de los sobrevivientes escaparon de los barrios hacia los bosques, se unieron a los partisanos y perecieron en las batallas. Abajo están unos de los sobrevivientes de Disna de la Segunda Guerra Mundial, guerreros y parti

En abril de 1940, Ephraim Katz estaba entre los 201 jóvenes judíos obligados a unirse a la Armada Roja. Ellos fueron transferidos por bote sobre el río Dvina. Ephraim luchó al frente de batalla. Pereció en junio de 1942. El lugar de su tumba es desconocido.

Zalman Katz, mi vecino y compañero de escuela escapó de Disna. Su familia entera fue asesinada por los nazis. Calman estuvo peleando como partisano hasta el final de la ocupación de Bielorrusia. Después de la liberación de Bielorrusia, Zalman sirvió en la Armada hasta la victoria. „En octubre de 1942, nos unimos a una unidad de partisanos dirigida por un antisemita llamado Kanapelka. Dos meses más tarde, la unidad fue incluida dentro de otra brigada bajo las ordenes del comandante Polyakov. La mayoría de los partisanos de esa unidad eran judío.

Moishe Katz escapó del barrio judío junto con su hermano Zalman Katz, y llegó a ser un partisano en la unidad de Polyakov.

Después fue asesinado por Josef Jushkevich, el jefe de la policía de Disna.

Nina Smushkina, mi compañera de escuela, escapó de los barrios judíos de Disna y de Glubokoye. Era parte de una unidad de partisanos en los bosques de Bielorrusia, luchando y atribuyendo a los alemanes por sus atrocidades.

Zalman Shenkman saltó dentro del hoyo antes de que le dispararan. Por la noche consiguió subir por los cuerpos de los asesinados; se escondió en los bosques, luego encontró a los partisanos. Más tarde fue incluido en la Armada Roja.

Raphal Lekakh, fue incluido en la Armada Polaca de Krayoka y peleó en contra del enemigo desde 1941 a 1945, hasta la victoria. Raphal se retiró como coronel de la Armada Polaca.

Roza Lekakh, la futura esposa de Rapha. Por dos años fue partisana en el „Batallón de Denisov."

Salomon Itman fue un combatiente en el "Batallón de Denisov" en Bielorrusia. De 1942 a 1944, él peleó muchas batallas en contra del enemigo. Fue condecorado con 2 medallas. El vive en Haifa, Israel.

Boris Green (Greeniman) fue incluido en la Armada Roja tan pronto como la guerra comenzaba. Llegó a ser prisionero de guerra alrededor de Bialystok. Escapó de su cautiverio y se unió al grupo partisano bajo las ordenes del coronel soviético Markov. Mientras peleaba contra los alemanes, también salvaba a los judíos. Dentro del grupo partisano de Markov, él organizó un sub-grupo partisano llamado „Revancha," el cual estaba formado por 300 judíos que habían escapado de los barrios. Murió en Australia.

, **Moshe** egimiento 350, luché en HUngria y Austria. El 7 de abril de 1945 fui herido en Viena. Fui condecorado con un a medalla „De Valentía" y una medalla por „Tomar Viena."

Iosif Kogan escapó de Disna antes de que las tropas alemanas entraran a la ciudad. Iosif Koganfui incluido a la Armada Roja, sirvió en la unidad de mortero. Fue herido. Junto con él sirvieron, pelearon y murieron dos de sus amigos de Disna, **Nyomka Mailovich** y **Leib Kunkis**

Haim-Gundul Kogan, el hermano de Iosif, nació en 1917. En 1940, él fue añadido a la Armada Roja. En el verano de 1941, fue asesinado en una batalla entre Minsk y Vilno.

Durante la Segunda Guerra Mundial otros judíos de Disna estuvieron también en las líneas fronterizas: **Iosif Kunkis, Boris Dragovich, Shmerl Blant, Slava Shuhman, Mendel Levit.**

Kasriel Kogan (Kagan) escapó de Disna antes de que las tropas alemanas entraran a la ciudad. Durante toda la guerra, él estuvo trabajando en la ciudad de Gorky en una fábrica haciendo tanques para la Armada Soviética.

Moisey Grinshpan se unió voluntariamente a la Armada Soviética. Sirvió en una unidad de morteros y cargaba sobre sus hombros el tubo metálico pesado por los caminos de la guerra. Con el Tercer Frente Bielorruso, fuimos atravéz de la Prussia Oriental y terminamos la guerra en Berlín.

Samuel Zaidel escapó por debajo de los disparos en Disna, donde su familia fue asesinada. De 1942 a 1944, él luchó en contra de los alemanes en la unidad partisana de Prudnikov. En 1944, mientras él estaba en una misión importante, fue herido en la cadera por una mina.

Mendel Friedman cruzó el río Dvina con el grupo de los 90 miembros del Komsomol. El sirvió en la Armada Soviética. En 1944 desempeñó su cargo como conductor de un General en la Zona de Ocupación Soviética en Alemania.

Ruvim Lekakh. En octubre de 1941, fue incluido en la Armada Roja y peleó a los alemanes sobre la frontera. En 1942, él fue herido y tratado en el hospital.

Haim Smirin fue dado de baja de la Armada Roja debido a su condición física. Estuvo trabajando en la fábrica metalúrgica hasta 1947, en Magnitogorsk, Ural.

Hana Mahinson escapó de Disna el 26 de junio de 1941. Sus padres y hermanas fueron asesinados. Ella llegó a ser una reconocida neurocirujana trabajando en los hospitales de la ciudad de Gorky (luego, Nizhny Novgorod). Defendió una tesis y se convirtió en una Candidata de las Ciencias Médicas (equivalente a un PhD). Como profesional, ella llegó a ser la mejor neurocirujana en la ciudad y en la región de Gorky.

Sifra Lekakh escapó del barrio judío de Disna el mismo día del asesinato en masa de los judíos de Disna. Ella estuvo en la unidad partisana de Melnikov hasta agosto de 1942.

Kasriel Kogan (Kagan) escapó de Disna antes de que las tropas entraran a la ciudad. Durante toda la guerra, él estuvo trabajando en Gorky produciendo tanque para la Armada Soviética.

Gregory Lekakh luchó en el frente Bielorruso, llegó hasta Berlín y dejó su firma sobre la pared del Reichstag.

Doctor Naum Lekakh fue secuestrado por los partisanos de los nazis y estuvo trabajando como médico para los partisanos.

Dov (Berl) Sosner. A la edad de 18 años fue incluido en la Armada Soviética de Kazahkstan. Su unidad fue armada en Stalingrad. Como conductor del Tercer Frente Ucraniano, él siguió a las tropas alemanas que se alejaban, entregó municiones en la línea de la frontera y cargó de regreso a los soldados heridos y a los prisioneros de guerra. Su unidad cruzó Kiev, Lviv, hasta Romania.

Israel Zak, un oficial soviético (en el centro) de un grupo de sobrevivientes del Holocausto de Disna. Luchó en la líneas de la frontera durante la Segunda Guerra Mundial.

Benjamin Sorokin sirvió en la Armada Roja y pereció en la línea de la frontera durante la Segunda Guerra Mundial. Después de la guerra, conocí a Isaak Sorokin en Riga, Latvia. El era mi amigo y compañero de escuela en Disna. Isaac me dijo que su hermano pereció en una batalla en contra de los alemanes. Recuerdo a Benjamin, un joven de buen parecer. Le gustaba tocar el clarinete.

GENTE BUENA DURANTE TIEMPOS SANGRIENTOS

El Museo del Holocausto de Israel tiene un Monumento Oficial dedicado a las víctimas del Holocausto (Yad Vashem,) ha nombrado a 569 bielorrusos entre los 24,356 hombres y mujeres como „Justos entre las Naciones." (41,42)

Como lo recuerdo, los bielorrusos eran generalmente buenas personas y no era gente agresiva. Pero algo de animosidad estaba en el aire durante y después de los días festivos judíos. El antisemitismo no fue creado en Disna. Aunque las iglesias católicas habían plantado odio en contra de los judíos por siglos, pero en Polonia había libertad de religión. De hecho, las iglesias católicas no intervenían en las funciones de las sinagogas. Y los judíos se mantenían así mismos respetuosos y distantes de los sacerdotes cristianos. El rabino Belostotski enseñaba judaísmo en el gimnasio. No habían programas judíos en nuestra región.

En la vida cotidiana, la gente bielorrusia necesitaba a los judíos y viceversa. Esta interdependencia y mutua cooperación económica le permitió a la ciudad florecer. La prueba de esa dependencia era muy evidente en Disna. Recuerdo el proceso de la interconexión económica. Kurenitz acostumbraba comprar lino crudo de los campesinos. Luego, él contrataba a ciento de judíos desempleados para limpiar al lino de su capa exterior (llamada „ostra") y enviaba al hermoso lino lino al mundo del mercado. Los campesinos necesitaban el mercado para vender los productos que colectaban de la cosecha, la abundancia de carne y ganado, pescado de los ríos y lagos. Regresando a casa del mercado, ellos cargaban a casa todo to que habían comprado en las tiendas de Disna.

Con tan solo una mirada al Disna de hoy en día sin los judíos que fueron exterminados por los nazis , nos dice mucho. Una ciudad que era rica en población, economía, comercio y diferentes culturas, fue arruinada. Desafortunadamente, mirando hacia adelante, Disna se quedará muy retrasada de su condición antes de la guerra.

Durante la ocupación alemana algunas personas locales arriesgaron sus vidas y ayudaron a los judíos que escapaban de los barrios. El Museo del Holocausto de Yad Vashem nombró a 569 „Bielorrusos Justos" de entre las naciones. Aunque la lista no contiene a las personas de Disna, hay buenos bielorrusos que salvaron las vidas hombres y mujeres judíos. Nina Smushkina (Ivinitskaya) me escribió desde Israel y me dijo por teléfono que ella recuerda los nombres de los voluntarios de la población local quienes ayudaron a los partisanos a escondidas. Los descubiertos fueron perseguidos y asesinados por los alemanes. Nina está muy agradecida y desea mantener viva las buenas memorias de:

Nikolay Fedorec
Iya Lapitskaya
Luba Luschik
Shura Scherbitskaya
Nina Bogdanova - quien no a una unidad de partisanos con multiple heridas de bala.

Nina Smushkina está muy agradecida con un conductor llamado **Habratsky** quien estableció contacto con su padre y ayudó a intercambiar notas.

Nina también me dijo que Zina Sobota había informado a la policía acerca del grupo de partisanos luchando en contra de los ocupantes alemanes.

Vladimir Zayats - quien era un partisano activo.

Zhurawsky, el dueño de la granja quien le dio albergue a Leib Katz y a su familia con sus posesiones. El no estaba en la granja cuando sus hijos rompieron la hospitalidad de su padre y vieja amistad. El hijo más joven entregó a Zalman y Moshe Katz al jefe de la policía de Disna, Jushkewich, cuando los hermanos vinieron por sus ropas de invierno.

Grigory Smirin y Iosif Kogan me dijeron acerca de un joven bielorruso de la villa de Dubovka, **Nikola Malchun** (su hermano sirvió en la policía). El se robó a Riva Gram del barrio y la escondió en el sótano hasta la liberación de Bielorrusia. Después de la guerra, secasó con Riva.

Demeshko Vladimir de la villa de Zaboloyte, padre de cinco hijas, fue nombrado como un "Hombre Justo" por el Museo de Yad Vashem, por esconder a judíos en diciembre y enero de 1943.

Demeshko Valentina traía papas a Zalman Katz, quien se estaba escondiendo en su establo por seis semanas.

La **Familia Zagorsky** había escondido y salvado a Fanya Fuks, quien era una maestra local. Ella fue una partisana, y prisionera de guerra. La Familia Zagorsky le dio amparo.

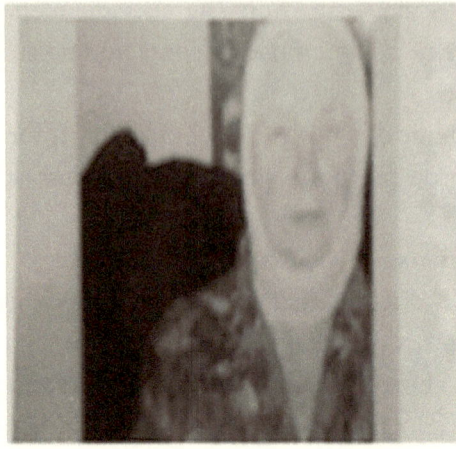

Supongo que había más bielorrusos dispuestos a ayudar a sus vecinos, pero el miedo a los castigos por los alemanes prevaleció.

Eso no tiene ninguna excusa con aquellos quienes voluntariamente cooperaron con los nazis.

EN DISNA, 2012

Y no hay más judíos en la ciudad de Disna, a excepción de aquellos enterrados en las tumbas. Los administradores de la ciudad y partidarios están haciendo lo posible por mantener en orden las fosas comunes de los hombres, mujeres y niños asesinados.

Recientemente recibí el siguiente correo electrónico:

Estimado Moshe Iofis,

El 14 de junio de 2012, hubo una reunión dedicada al 70 aniversario de la terrible tragedia de los asesinatos de la población judía de Disna. Esta reunión fue atendida por la población de Disna, los líderes del distrito de Miory e invitados. Eugene Kogan de Israel y la familia Kunkes de Polotsk participaron en la reunión. La fosa común fue remodelada para el Día Conmemorativo. La lápida fue forrada con losa de granito, se puso azulejos en los pasillos, y la area de alrededor fue hecha como jardín. La Comitiva Ejecutiva Regional de Vitebsk pagó por estos trabajos.

Atentemente,
Alexander Kachan,
Presidente del Comité Ejecutivo de Disna

Eugene Kogan escribió: El 14 de julio de 2012 visité Disna. La reunión conmemorativa en Disna tuvo lugar recientemente. Estoy agradecido con el administrador de la ciudad Alexander Kachan por organizar esta reunión dedicada a la memoria de las víctimas - nuestros familiares y otros compatriotas. La reunión fue atendida por alrededor de cien bielorrusos. Solamente dos hombres judíos - Iosif Kunkis de Novo-Polotsk y yo estuvimos ahí. Presenté al Museo de Disna una foto de mi tío, quien era un residente de Disna. También le otorgué al museo una bandera del Estado de Israel. El memorial fue cubierto con la bandera de Israel durante toda la reunión.

Es nuestra esperanza que los jóvenes, niños y niñas sepan la historia de nuestra ciudad natal con más precisión. Ellos escucharon a los sobrevivientes del Holocausto y a sus maestros en la reunión conmemorativa alrededor de la fosa común. Ellos escucharon la vergonzosa y amarga verdad acerca del Holocausto en Disna, nuestra ciudad natal.

Puede ser que estos estudiante una vez les pregunten a los historiadores oficiales, porqué nos escondieron la verdad acerca de la tragedia en nuestra ciudad natal de Disna.

Nosotros, los que éramos residentes de Disna y ahora estamos dispersos por el mundo, admiramos su ciudad y les deseamos a las nuevas generaciones todo el éxito en la reconstrucción de su ciudad.

Nuestro sincero respeto a los maestros que están enseñando la cruda realidad acerca de la tragedia del Holocausto en Disna.

EPILOGO

Las acciones de los gobiernos de la Gran Bretaña, Rusia, y Polonia durante los años 1930's fueron fracasos trágicos en su política y diplomacia, favoreciendo solamente la política agresiva de Hitler. La política aislacionista de los Estados Unidos, apoyó y colaboró con los avances de guerra, facilitando la implementación de los planes agresivos de Hitler.

Desafortunadamente, cuando Hitler se levantó en poder, el consentimiento de la política estadounidense le había costado a la población de los Estados Unidos un precio muy alto durante la Segunda Guerra Mundial - una pérdida militar de 416,800. (43)

Disna era una ciudad muy pacífica. La población judía había vivido en Disna por siglos. Antes de la guerra, el 62% de la población era judía. Los judíos trabajaban duro para proveer para sus familias con el pan de cada día. Ellos educaban a sus niños respetando el judaísmo y las leyes del país. Ellos siempre soñaban con darles educación a sus niños.

El gobierno soviético y la administración local no le informó a la población acerca de las atrocidades de los nazis en los países europeos y de la rapidez de la ofensiva alemana en territorio soviético. El río Dvina permaneció cerrado como un borde entre el occidente y el oriente de Bielorrusia. Permisos especiales eran dados solamente a miembros de la nomenclatura de la ciudad. La propaganda soviética glorificaba sin parar el poder de la Armada Roja y su efectividad para derrotar al enemigo en su tierra.

Consejos falsos fueron dados a la población para que no surgiera el pánico y corrieran lejos. Los gobernantes de las ciudades recibieron las instrucciones de poderes más altos de evacuar solamente a un grupo de gente joven, miembros del Komsomol.

Toda la población judía de Disna fue dejada en las manos de los nazis sin ninguna oportunidad para sobrevivir. La guerra comenzó, y tan solo en dos semanas después Disna estaba siendo ocupada por las tropas alemanas.

Los nazis habían meticulosamente implementado el siniestro plan de „La Solución Final a la Pregunta Judía", asesinando a la entera población judía de Disna y de otros lugares. Disna fue destruida y arruinada.

Los colabores locales humillaron a la gente judía, los expulsaron de sus casas y los pusieron en barrios. Les robaron sus posesiones, demandaron oro y joyería por comida, perseguían a los que se escapaban para intercambiarlos a los nazis por sal o tabaco. Ellos ayudaron a los alemanes aa esconder sus atrocidades y las fosas comunes.

Los colaboradores voluntariamente sirvieron a los alemanes y así, se convirtieron en traidores de su propia tierra, una Bielorrusia ocupada.

Casi todos los sobrevivientes de Disna fueron incluidos en la Armada Roja y pelearon en las líneas de la frontera de la Segunda Guerra Mundial. Los sobrevivientes que escaparon del barrio de Disna habían superado hambre, heridas y amenazas en los bosques. Ellos se unieron a las unidades de los partisanos y pelearon en contra de los nazis y de los colaboradores, tomando venganza por el asesinato de sus familias y familiares.

El Holocausto de la población judía de Disna y de toda Bielorrusia fue una gran tragedia de la República Bielorrusa.

Mientras tanto, los historiadores bielorrusos fueron y permanecieron extremadamente modestos describiendo la tragedia. La palabra Holocausto está casi excluida de los documentos más importantes de la Segunda Guerra Mundial. El manual de historia para los estudiantes de las escuelas bielorrusas no presenta a las nuevas generaciones los acontecimientos reales de la tragedia. El papel de los llamados colaboradores de los nazis en humillación y asesinato de los judíos es omitido del todo.

Los historiadores bielorrusos aún continúan con la tendencia del Ex-Central Partido Comunista de la Unión Soviética de esconder la verdad de los hechos a la población.

Los historiadores bielorrusos también ignoran la participación de los judíos en la Armada Soviética y en las peleas de los partisanos hasta la victoria sobre Alemania.

La exterminación de los judíos de nuestra ciudad natal, un fragmento del Holocausto Europeo fue una tragedia de grandes proporciones y horrenda para toda la población judía del mundo. Nunca debería de olvidarse y nunca ser repetida. Nunca más!

La Alemania nazi fue vergonzosamente derrotada.

La meta de la „Solución Final a la Pregunta Judía" falló.

El pequeño número de sobrevivientes del Holocausto ha plantado y continúa plantando nuevas generaciones judías. Ellos son exitosos donde sea que han encontrado un refugio.

REFERENCIAS

REFERENCES

1. Zahava.ru

2. *MyJewishDiana* http://shtetle.co.il/Shtetls/diana/.

3. http://www.ushmm.org/wlc/ru/article.php?ModuleId=10005477

4. Yizkor books

5. http://www.americanforeignrelations.com/E-N/Loans-and-Debt-Resolution Hitler-repudiates-the-versailles-treaty-and-reparations.html#ixzz1wU5KZldb

6. http://www.pacificwar.org.au/historicalbackground/Hitlers_prepares forWar.html

7. http://en.wikipedia.org/wiki/IBM_and_the_Holocaust

8. http://www.holocaust-history.org/der-ewige-jude/hitler-19390130.shtml

9. Norman Ross, Черчилл. Война и мир, p.311

10. http://www.bbc.co.uk/archive/ww2outbreak/7907.shtml

11. http://althistory.wikia.com/wiki/Poland_(Fall_G:%C3%BCn)

12. http://ru.wikipedia.org/wiki/Edward_Rydz-%C5%9Amig%C5%82y

13. http://books.google.com/books?id=qnnHUEDZZ1ACN pg=PA591&lpg=PA591&dq=Rydz-smiglys

14. http://en.wikipedia.org/wiki/Molotov%E2%80%93Ribbentrop Pact_negotiations

15. /Vladimir Putin in an interview with Slovak MEDIA, February 22, 2005/

16. http://fakty.ua/21683-sovetskix-zabelony-s-xenium-i-nefryu-dlya-germanii-shli-na-zapad-dazhe-22-iyunya-1941-goda

17. www.ushmm.org/wlc/article.php?ModuleId=10005182

18. http://www.google.com/search?sourceid=navclient&ie=UTF

19. http://www.ushmm.org/wlc/en/article.php?ModuleId=10005182

20. Michael Birnbaum - April 2, 2007 http://www.beltannier.com/blogs/2007/04/why-the-allies-didn%E2%80%99t-bomb-the-death-camps-part-ii/

21. Марриет Аннис "Осень жизни" 2006. стр. 163

22. Boris Green (Gronimus)"Vileika near Vilna". Anthology on armed Jewish resistance 1939-1945. Compiled and edited by Isaak Kowalski

23. WWII_partisan_resistance_in_Belarus.htm, http://www.belarusguide.com/history1

24. David Shtefater. From the interview with Efraim Zuroff, Director of the Israeli branch of the Shimon Wiesenthal's Center http://www.news.com/news/2009/12/27/63697.html

25. Alexey Litvin (Minsk) Local auxiliary police at the territory of Belarus (July 1941–July 1944)

26. From an "instruction manual" for police forces established by the Nazi occupation regime in Belorussia, 1941–1944, whose members were local residents (Byelorussians and Russians)." (Translated from Belorussian by Judith Springer, cited from Archie, 'Yadkbye Apdymeryanpye, No. 2, 1999, Minsk, page 96).

27. GHETTO in Polotsk DURING the OCCUPATION (1941–1844), http://ru.wikipedia.org/wiki/

28. http://www1.yadvashem.org/yv/ru/ed_kavior/learning_environments/families/evacuation.asp

29. Вторая мировая война, эвакуация и возврат евреев Беларуси http://www.belarus21.by/ru/main_news/?id_8702

30. Беларусь в мясницкий город Великой Отечественной войне USSR Jewish Evacuation during WWII [содержание пособия «ИСТОРИЯ БЕЛАРУСИ (XX – начало XXI в.)" Разработано доктором исторических наук, профессором Зелениным и кандидатом исторических наук Петриком В.М.

31. My judgment about people is often based on their attitude toward Jews. Dmitri Shostakovich, Russian composer (1906–1975)

32. http://www.ssi.int/belarus/about/history_1.htm

33. История войны: обзор событий.65 years of the Victory "http://archives.gov.by/index.php?id=427420

34. WWII_partisan_resistance_in_Belarus.htm http://www.belarusguide.com/history1

35. Лейбаров Арсений ТЕКОТОРЫЕ АСПЕКТЫ ОТНОШЕНИЯ СОВЕТСКОГО РУКОВОДСТВА К УНИЧТОЖЕНИЮ ЕВРЕЙСКОГО НАСЕЛЕНИЯ НА ТЕРРИТОРИИ БЕЛОРУССИИ В ГОДЫ ОККУПАЦИИ"

36. http://ruarchives.ru/publication/katyn/01.shtml

37. http://www.thenews.pl/international/artykul131262_medvedev-hands-over-katyn-documents.htm.

38. Соло берия. Мой сын Лаврентий берия http://www.due_ru/publish/beria/beria.html

39. Великая Отечественная война советского народа (В контексте Второй мировой войны).— Мн.: БГУ, 2004.

40. The Museum of the Jewish Soldiers in WW2, http://www.jenews2.org/show_icon.asp?level&id659022

41. http://ru.wikipedia.org/wiki/

42. http://www1.yadvashem.org/yv/en/righteous/statistics.asp

43. http://en.wikipedia.org/wiki/World_War_II_casualties

www.ingramcontent.com/pod-product-compliance
Lightning Source LLC
Chambersburg PA
CBHW032030290526
45786CB00011B/1284